Python En 10 Jours : 3ème édition

Younes. Derfoufi

Professeur d'enseignement supérieur
de mathématique et informatique.

Janvier 2026

Site Web : www.tresfacile.net

Table des matières

A propos de l'auteur

Formateur et **enseignant-chercheur** au **Centre** des **Métiers** de l'**Éducation** et de la **Formatio**n, l'auteur dispose de plus de trente années d'expérience consacrées à la formation des **enseignants stagiaires** en mathématiques et en informatique ; **agrégé** de mathématiques et **docteur en topologie robotique,** il a su conjuguer recherche scientifique, rigueur académique et pédagogie appliquée tout au long de sa carrière ; il a enseigné de nombreuses disciplines en informatique, notamment le **développement web** (HTML, CSS, Bootstrap, JavaScript), la **programmation et le backend** (PHP, programmation orientée objet en PHP, Laravel), les **bases de données** (MySQL), l'**algorithmique** et la **programmation Python** du niveau débutant jusqu'au niveau expert, le framework Django, ainsi que plusieurs systèmes de gestion de contenu tels que Joomla, WordPress, Moodle et PHPBB ; parallèlement, il a assuré des enseignements approfondis en mathématiques aux niveaux classes préparatoires et licence, couvrant l'algèbre, la topologie générale, la topologie des espaces métriques et des espaces normés, ainsi que le calcul différentiel, avec une approche pédagogique fondée sur la clarté, la structuration des savoirs et la mise en pratique au service de la formation et de l'excellence académique.

Droits d'auteur

À Qui S'Adresse Ce Livre ?

> **Python En 10 Jours**
>
> L'ouvrage **"Python En 10 Jours"**, est un guide pratique conçu spécifiquement pour les débutants passionnés par l'apprentissage rapide et efficace de Python. Cet ouvrage s'adresse à un public varié, allant des élèves avides de nouvelles compétences aux enseignants cherchant à intégrer la programmation dans leurs cours, en passant par les étudiants désireux de renforcer leur bagage informatique.
>
> En **dix jours,** nous vous guiderons à travers les fondements de **Python**, des installations initiales aux concepts avancés tels que la programmation orientée objet et la manipulation de fichiers.

Que vous soyez débutant absolu ou que vous ayez déjà une expérience en programmation, ce livre vous accompagnera pas à pas dans votre voyage pour devenir un développeur Python compétent. Chaque jour, vous explorerez un aspect clé du langage, consoliderez vos connaissances par des exemples pratiques, et vous serez prêt à passer au niveau suivant à la fin de chaque chapitre.

Préparez-vous à plonger dans le monde fascinant de Python, et d'ici la fin de ces dix jours, vous serez équipé pour créer des applications, résoudre des problèmes complexes et exploiter tout le potentiel de ce langage de programmation polyvalent.

Jour 1 : Installation des outils

Bienvenue dans votre première journée d'exploration de Python !
Avant de plonger dans le code, commençons par l'essentiel : l'installation des outils nécessaires pour développer en Python. Cette première
étape est cruciale pour vous assurer que votre environnement de développement est configuré correctement. Préparez-vous à découvrir les
étapes nécessaires pour installer Python et les outils associés sur votre
système.

Jour 2 : Les variables et opérateurs

Maintenant que votre environnement est prêt, passons à l'action !
Aujourd'hui, vous allez plonger dans le monde des variables et des opérateurs en Python. Comprenez comment stocker des données dans des
variables, manipuler ces données avec des opérateurs, et commencez à
construire les fondations de vos programmes Python.

[.]

Continuez à explorer chaque jour les différents aspects de Python,
en apprenant progressivement et en appliquant vos connaissances nou-
vellement acquises. Bon voyage dans le monde de Python !

Apreçu des extraits du code

Caractéristiques du langage Python

Dans cet ouvrage les **extraits de code** utilisés ont été soigneusement élaborés à l'aide d'outils précieux et de **packages LaTeX** spécifiques facilitant ainsi l'apprentissage et rendant la lecture agréable . Cette approche a permis d'offrir aux lecteurs une expérience visuelle exceptionnelle, avec une **colorisation syntaxique** élégante et une mise en page de haute qualité ajoutant ainsi une dimension supplémentaire à l'expérience d'apprentissage.

Exemple. Extrait de code

```python
# définir des variables string
chaine1 , chaine2 = "Hello" , " World!"

# concaténation des deux chaines
concatenation = chaine1 + chaine2

print(concatenation)# output : 'Hello World!'
```

Introduction

A propos du langage Python

Python est un **langage de programmation polyvalent et populaire**, largement utilisé dans divers domaines : **développement web, applications desktop, analyse des données, intelligence artificielle**, et bien plus encore. Il se distingue par sa **syntaxe simple et lisible**, ce qui en fait un **excellent choix** pour les **débutants en programmation**, tout en offrant une puissance et une flexibilité considérables pour les développeurs.

Caractéristiques principales de Python

Le **langage Python** est doté de **nombreuses caractéristiques** faisant de lui un **excellent et meilleur langage**

Caractéristiques du langage Python

1. Syntaxe Lisible
2. Un grand nombre de Bibliothèques Standards
3. Facilité d'Apprentissage
4. Dynamiquement Typé
5. Orientation Objet
6. Portabilité
7. Diversité des Applications

Les différents usages du langage Python

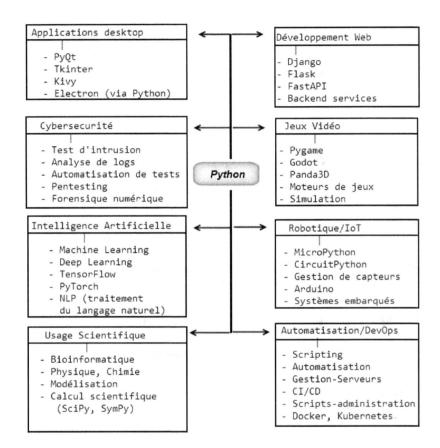

Applications desktop	Développement Web
- PyQt - Tkinter - Kivy - Electron (via Python)	- Django - Flask - FastAPI - Backend services

Cybersecurité	Jeux Vidéo
- Test d'intrusion - Analyse de logs - Automatisation de tests - Pentesting - Forensique numérique	- Pygame - Godot - Panda3D - Moteurs de jeux - Simulation

Python

Intelligence Artificielle	Robotique/IoT
- Machine Learning - Deep Learning - TensorFlow - PyTorch - NLP (traitement du langage naturel)	- MicroPython - CircuitPython - Gestion de capteurs - Arduino - Systèmes embarqués

Usage Scientifique	Automatisation/DevOps
- Bioinformatique - Physique, Chimie - Modélisation - Calcul scientifique (SciPy, SymPy)	- Scripting - Automatisation - Gestion-Serveurs - CI/CD - Scripts-administration - Docker, Kubernetes

Chapitre 1

Jour 1 : Installation des outils

Bienvenu dans cette première journée de découverte de **Python** ! Avant de nous plonger dans le **code,** démarrons par l'essentiel : **l'installation des outils indispensables au développement en Python.** Cette étape inaugurale revêt une importance cruciale pour garantir une **configuration correcte** de votre **environnement de développement.** Préparez-vous à suivre les étapes nécessaires à **l'installation de Python** et des outils associés sur votre système.

1.1 Installation de Python : Une solution tout en un

Pour configurer les **outils de développement en Python**, plusieurs options s'offrent à vous. Cependant, nous vous recommandons la solution la plus efficace et rapide : l'utilisation de la **distribution PySchool**, un package gratuit et open source. **PySchool** est équipée d'une gamme étendue d'outils visant à simplifier le processus de développement en **Python,** offrant notamment :

✎ Composants de PySchool

1. Une version du langage **Python**

2. **Des Ide intégrés (éditeurs de code) :** IDLE, Thonny Ide, VSCode, Jupyter Notbook.

3. **Qt Designer :** Outil de réalisation d'interfaces graphiques sans code

4. Bibiliothèques : La distribution PySchool est dotée des principales bibliothèques nécessaire au **machine learning** et **intelligence artificielle.**

5. Ainsi que de nombreux autres outils que vous allez découvrir !

Lien du téléchargement du package **PySchool** :
`https://sourceforge.net/projects/pyschool3/`

L'installation se déroule d'une façon très intuitive. Suivez alors les étapes d'installation jusqu'à la fin et vérifiez ensuite cette dernière à l'aide de l'invite de commande en tapant : **python - -version**

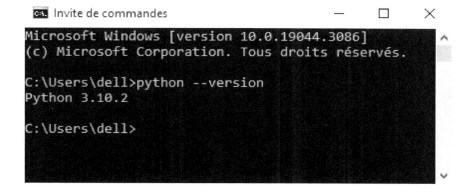

L'invite de commande vous montre ainsi, la version de Python que vous venez d'installer : **Python 3.10.2** dans notre cas.

1.2   Premier programme Python à l'aide de l'IDE intégré IDLE

Python est doté par défaut d'un IDE nommé **IDLE**, pour le lancer, il suffit de taper **IDLE** sur la zone rechercher du menu démarrer :

Une fois lancé, vous obtenez la vue suivante :

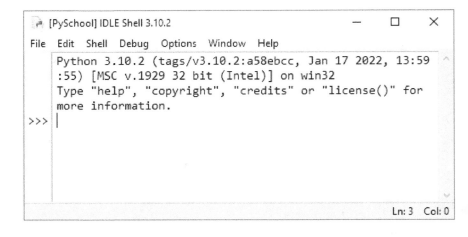

Comme vous le constatez, il s'agit d'un IDE très minimaliste. Amusons nous maintenant à faire quelque essais :

- A titre d'exemple on va définir **deux variables x** et **y** du type **entier** et on affiche leur somme $z = x + y$:

```
[PySchool] IDLE Shell 3.10.2                        —    □    ✕
File  Edit  Shell  Debug  Options  Window  Help
      Python 3.10.2 (tags/v3.10.2:a58ebcc, Jan 17 2022, 13:59:55)
      [MSC v.1929 32 bit (Intel)] on win32
      Type "help", "copyright", "credits" or "license()" for more
      information.
>>>   x = 3
>>>   y = 5
>>>   z = x + y
>>>   z
      8
>>>   |
```

- L'outil IDLE peut aussi jouer le rôle d'une calculatrice :

```
[PySchool] IDLE Shell 3.10.2                        —    □    ✕
File  Edit  Shell  Debug  Options  Window  Help
      Python 3.10.2 (tags/v3.10.2:a58ebcc, Jan 17 2022, 13:59:55)
      [MSC v.1929 32 bit (Intel)] on win32
      Type "help", "copyright", "credits" or "license()" for more
      information.
>>>   3 + 2
      5
>>>   7 * 4
      28
>>>   5 / 7
      0.7142857142857143
>>>   |
```

1.3 Premier programme Python à l'aide de l'IDE Thonny

Comme nous l'avons déjà mentionné ci-dessus, la distribution **Py-School** intègre par défaut un certain nombre d'outils comme : les IDE intégrés : **IDLE, Thonny Ide, VSCode, Jupyter Notbook.** Nous pouvons alors nous servir de l'Ide **Thonny** pour créer notre **premier programme Python.** Nous devons alors suivre les étapes suivantes :

<u>Étape 1</u> : Lancer votre Ide **Thonny** depuis le menu Démarrer :

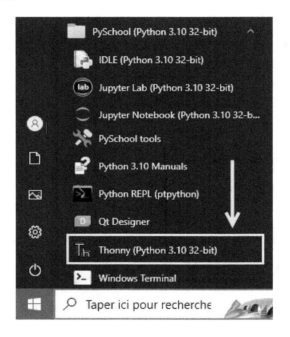

Étape 2 : Saisissez ensuite le code suivant et **enregistrer** le fichier :

```
1 s = "Hello World !"
2 print(s)
```

Où :

1. Nous avons défini une **variable nommée s** ayant la valeur **'Hello World !'**

2. Nous utilisons l'instruction **print()** pour afficher la **valeur de la variable s**

Étape 3 : Exécution du code

Cliquez maintenant sur l'icône sous forme de petit triangle vert qui se trouve sur la barre d'outil :

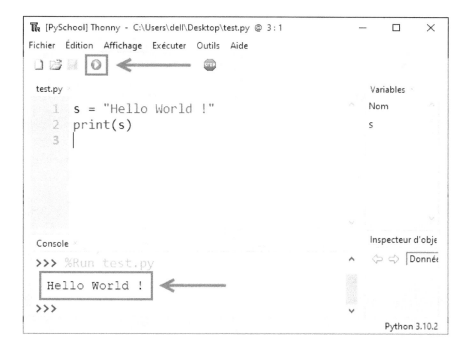

Vous allez alors constater l'apparition du message **'Hello World !'** sur la console ! Il s'agit de la valeur de la **variable s** affiché à l'aide de l'instruction **print(s).**

1.4   Usage des compilateurs Python en ligne

Il faut savoir que l'usage des **IDE (environnements de développement intégrés)** comme **Thonny ou VS Code n'est pas la seule solution** pour exécuter un **script Python.** Si vous débutez ou si vous souhaitez tester rapidement un bout de code, vous pouvez utiliser des **compilateurs Python en ligne.** Ces outils offrent une solution pratique, rapide, et accessible **sans installation préalable !**

Avec l'avènement des **outils modernes,** il existe aujourd'hui de nombreux **compilateurs Python en ligne** qui permettent d'**exécuter du code directement depuis un navigateur !** Ces plateformes sont idéales pour les débutants, les tests rapides ou même pour travailler sur des projets collaboratifs.

Parmi ces outils, je vous suggère OnlineGDB, une plateforme particulièrement adaptée aux débutants et aux utilisateurs souhaitant disposer d'une interface simple mais puissante.

1.4.1   Pourquoi choisir OnlineGDB ?

1. **Interface intuitive :** Son environnement clair facilite la prise en main, même pour les novices.

2. **Débogueur intégré :** Il permet de visualiser pas à pas l'exécution du code, ce qui est très utile pour comprendre les erreurs ou la logique d'un programme.

3. **Exécution rapide :** Les résultats sont affichés instantanément, permettant une expérience fluide.

4. **Support multilingue :** En plus de Python, **OnlineGDB** prend en charge plusieurs autres langages, utile pour les curieux souhaitant explorer davantage.

5. **Accessibilité :** 100% en ligne, il fonctionne sur tous les appareils avec un navigateur, que ce soit un ordinateur, une tablette ou un smartphone.

1.4.2   Comment utiliser OnlineGDB ?

L'usage de la plateforme **OnlineGDB** est aussi simple qu'un clic sur un lien ! Aucune installation nécessaire ! À cet effet, il suffit de :

1. Se rendre sur le site d'**OnlineGDB** : `https://www.onlinegdb.com/`,

2. Choisir **Python** comme langage,

3. Commencer à écrire votre code

4. Exécuter votre code en cliquant sur le **bouton Run**

Chapitre 2

Jour 2 : Les variables et opérateurs

2.1   les variables en Python

Les variables jouent un rôle crucial en matière de stockage des résultats de nos calculs. En substance :

> **Variable Python**
>
> Une **variable** en **Python** est un **identifiant** qui permet de **stocker** une **valeur en mémoire**, de manière à pouvoir y accéder ultérieurement. Elle agit comme une **référence** à cette **donnée**, facilitant son utilisation tout au long du programme.
>
> — Une **variable** peut être vue comme une **étiquette** attribuée à une **valeur**, indiquant comment l'appeler et la manipuler.
>
> — L'**assignation** d'une **valeur** à une **variable** en **Python** se fait à l'aide du **symbole** ' = ', où la valeur située à droite de l'opérateur ' = ' est stockée dans la variable située à gauche.
>
> — Une variable peut **changer de valeur** pendant l'exécution du programme d'où la nomination **'variable'**

Exemple. On peut définir une variable age de la façon suivante :

```
1  age = 25
2
3  # afficher l'age actuel
4  print("L'age actuel est : " , age) # affiche : L'age
       actuel est : 25
5
6  # Après deux ans l'age deviendra
7  age = 27
8  print("L'age maintenant est : " , age) # affiche : L'
       age maintenant est : 27
```

— Vous avez remarqué sans doute que la **valeur d'age** a pris une valeur au début qui est 25
— Mais au cours du programme elle a **changé de valeur** en prenant la nouvelle qui est 27
— **'age'** est ainsi nommée variable car sa valeur peut **"varier"** au cours de l'exécution du programme.

Remarque. Les lignes précédées du symbole '#' sont **ignorées** lors de l'exécution du code. On les appelle des **commentaires** (voir paragraphe suivant).

```
1  mavariable = valeur
```

1. **mavariable :** ici on spécifie le nom de la variable qui dois être une séquence de caractères sans espace.

2. **valeur :** ici on spécifie la valeur de la variable qui peut revêtir la forme de n'importe quelle expression, comme évoqué précédemment. Contrairement à d'autres langages de programmation, **Python** n'exige pas de déclarer le **type d'une variable.** Une variable est créée au moment où vous lui affectez une valeur. Le

type sera détecté et assigné à la variable automatiquement (on dit alors que **Python** est un **langage à typage dynamique**).

Les principaux types de variables en python sont :

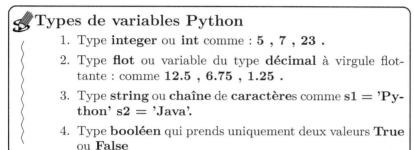

Types de variables Python

1. Type **integer** ou **int** comme : **5 , 7 , 23** .

2. Type **flot** ou variable du type **décimal** à virgule flottante : comme **12.5 , 6.75 , 1.25** .

3. Type **string** ou **chaîne** de **caractère**s comme s1 = 'Python' s2 = 'Java'.

4. Type **booléen** qui prends uniquement deux valeurs **True** ou **False**

Voici une manière simple et explicite de représenter une **variable :**

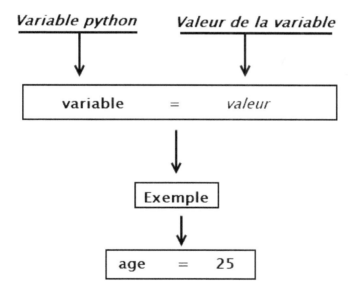

Remarque. L'instruction $age = 25$ définit une **variable** nommée **'age'** et lui affecte en même temps la **valeur 25**.

Exemple. variables du type entier

```
1 # définir une variale du type entier
2 n = 11
3
4 # afficher la variable
5 print(n)
6 # affiche : 11
```

Après exécution ce programme affiche **11**. On peut aussi afficher un **texte explicatif** conjointement avec la variable **n :**

Exemple. afficher la variable avec un texte explicatif :

```
1 n = 11
2 print("La valeur de n est : " , n)
```

Le programme affiche à l'exécution :
La valeur de n est : 11

Remarque. Pour afficher le type d'une variable, on utilise l'instruction

type(nom_de_la_variable)

Exemple. affichage du type d'une variables

```
1 x = 13
2 y = 12.75
3 s = "Apprendre Python"
4 b = 10 < 3
5 print(type(x)) # affiche : <class 'int'>
6 print(type(y)) # affiche : <class 'float'>
7 print(type(s)) # affiche : <class 'str'>
8 print(type(b)) # affiche : <class 'bool'>
```

Remarque. Une **variable** python possède toujours un **type**, même si ce dernier est non déclaré. le type se définie au moment de l'introduction de la variable et peut être changé par la suite, ce qui justifie le dynamisme et la puissance du langage Python.

Exemple. Type d'une variable.

```python
x = 3 # x est de type int
print(x) # affiche 3

# changer le type de x en float
x = float(x) # x est maintenant du type float
print(x) # affiche 3.0
```

Remarque. Une variable en Python peut changer de valeur, mais elle peut aussi changer de type pendant l'exécution d'un programme, comme elle peut être aussi détruite selon le besoin du programmeur !

Exemple. Destruction d'une variable

```python
n = 13

del n

print(n)
```

Ce qui affiche pendant l'exécution du programme :

NameError : name 'n' is not defined

Ce qui montre que la **variable 'n'** a été détruite et elle **n'existe plus !** Donc **non reconnue** par Python !

2.2 Résumé des types de variables Python

```
Variables Python
① Type int (entier)
   ├── Définition : Nombre entier
   └── Exemples :
        ├── a = 13
        └── b = -7

② Type float (nombre à virgule flottante)
   ├── Définition : Nombre réel avec des décimales
   └── Exemples :
        ├── x = 3.75
        └── z = -2.5

③ Type string (chaîne de caractères)
   ├── Définition : Séquence de caractères
   └── Exemples :
        ├── name = "Adam"
        └── message = 'Hello World!'

④ Type bool (booléen)
   ├── Définition : Valeur de vérité (vrai ou faux)
   └── Exemples :
        ├── P = 5 > 7 (valeur de P est False)
        └── Q = 5 < 7 (valeur de Q est True)
```

2.3 Les commentaires en Python

2.3.1 Qu'est-ce qu'un commentaire en Python ?

Les **langages de programmations** fournissent une méthode pour l'insertion de **commentaires** au sein du code afin de fournir des informations supplémentaires. Un **commentaire** n'est autre qu'un **texte** qui sera **ignoré** lors de l'**exécution du programme**. Les commentaires peuvent être utilisés pour expliquer une partie compliquée d'un programme, ou pour mettre des indications dans le code, comme le code source, la version du langage ou script

2.3.2 Commentaire sur une seule ligne

En **Python**, nous insérons un **commentaire** sur une **seule ligne** avec le caractère **# (dièse)**.

Syntaxe

```
1 # Ceci est un commentaire qui sera ignoré à l'
    exécution
```

Exemple. de commentaire en python

```
1 # définir une variable de type entier
2 n = 5
3 # Affichage de la variable
4 print ("La valeur de n est : ", n)
```

Ce qui affiche à l'exécution :
La valeur de n est : 5

2.3.3 Commentaire sur plusieurs lignes

Si nous voulons insérer un **commentaire** sur **plusieurs lignes** en **Python**, nous utilisons le symbole **triple quotes** :

Syntaxe

```
1 """Ceci est un commentaire
2 sur plusieurs lignes qui sera
3 ignoré lors de l'exécution"""
```

Exemple. commentaire sur plusieurs lignes

```
1  """
2  Code source : Ghithub
3  date : Janvier 2025
4  Auteur : . . .;
5  """
6  [mon code python ici]
```

2.4 Les opérateurs en Python

2.4.1 Les différents types d'opérateurs en Python

Les opérateurs sont utilisés en Python pour effectuer des opérations sur les variables et les valeurs associées. Python classifie les opérateurs selon les groupes suivants :

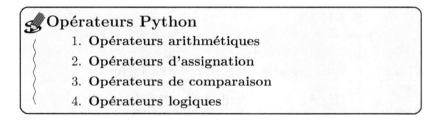

Opérateurs Python

1. **Opérateurs arithmétiques**
2. **Opérateurs d'assignation**
3. **Opérateurs de comparaison**
4. **Opérateurs logiques**

2.4.2 Les opérateurs arithmétiques

Les opérateurs arithmétiques sont utilisés en Python pour effectuer des opérations de calcul sur les variables comme addition, multiplication, division

Opérateur	Description
'+'	addition
'-'	soustraction
'*'	multiplication
'/'	division
'%'	modulo (reste de la division euclidienne)
'**'	Exponentiation
'//'	quotient de la division euclidienne

Exemple. (addition, soustraction, multiplication .)

```python
1  # définir des variables numériques
2  a, b = 7 , 3
3
4  somme = a + b
5  mult = a*b
6  difference = a - b
7  division = a/b
8
9  # Affichage des résulatats
10 print("a + b = ", a + b) # affiche : a + b =  10
11 print("a * b = " , a *b) # affiche : a * b =  21
12 print("a - b = " , a-b) # affiche : a - b =  4
```

2.4.3 Les opérateurs d'assignation

Les opérateurs d'assignation sont utilisés en Python pour assigner des valeurs aux variables :

Opérateur	Exemple	Explication
$=$	x $=$ 7	x prends la valeur 7
$+ =$	x $+ =$ 5	x $=$ x $+$ 5
$- =$	x $- =$ 5	x $=$ x -5
$* =$	x $* =$ 5	x $=$ x *5
$/ =$	x $/=$ 5	x $=$ x / 5
$\% =$	x $\%=$ 5	reste div- euclidienne de x par 5
$// =$	x $//=$ 5	quotient-div- euclidienne de x par 5
$** =$	x $**=$ 3	x $=$ x $**$3 (x^3 ie x*x*x)
$\& =$	x $\&=$ 5	x $=$ x $\&$5 ($\&$: opérateur binaire)

Exemple.

```
1 n = 3
2 x = 3.50
3
4 # appliquez l'opérateur d'assignation += à n
5 n += 5
6 print("n = ", n) # affiche : n =  8
7
8 # appliquez l'opérateur d'assignation *= à x
9 x *= 10
10 print("x = ", x) # affiche : x =  35.0
```

2.4.4 Opérateurs de comparaison

Les opérateurs de comparaison sont utilisé en Python pour comparer les variables :

Opérateur	Description
= =	opérateur d'égalité
! =	opérateur différent
>	opérateur supérieur
<	opérateur inférieur
> =	opérateur supérieur ou égale
< =	opérateur inférieur ou égale

Exemple. (opérateurs de comparaison)

```
1  a = 5
2  b = 5
3  c = 2
4
5  print(a == b)  # Affiche : True
6  print(a == c)  # Affiche : False
7  print(a < c) # Affiche : False
8  print(b > c) # Affiche : True
```

2.4.5 Opérateurs logiques

Opérateur	Description
and	et logique
or	ou logique
not	**Négation** logique

Exemple.

```
1  a = 10
2  b = 7
3  c = 3
4
5  print(a > b and b > c)  # Affiche : True (car les deux
       sont vraies)
6  print(not a < b)        # Affiche : True (car 10 < 7
       est une assertion fausse !)
7  print(a < b or c < b)   # Affiche : True (car l'une
       des deux est vraie)
```

2.5 Les fonctions en Python

2.5.1 Qu'est-ce qu'une fonction ?

Une **fonction** est comme une **machine** qui **effectue** une **tâche spécifique.** Vous lui donnez quelque chose (appelé **"entrée"**), elle effectue son travail, puis elle vous donne un **résultat (appelé "sortie").**

Exemple concret : Une fonction qui calcule la somme de deux nombres :

Vous lui donnez une entrée constituée d'un couple de deux nombres par exemple :

Entrée	La fonction effectue son travail	Sortie
$\longrightarrow (3,5)$	$somme = 3 + 5$	$\longrightarrow 8$

— **Étape 1 :** La fonction prends en entrée le couple d'entiers (3,5)
— **Étape 2 :** La fonction calcul leur $somme = 3 + 5$
— **Étape 3 :** La fonction renvoie le résultat final $\longrightarrow somme = 8$

2.5.2 Syntaxe générale d'une fonction

```
1  # déclaration de la fonction
2  def nom_de_la_fonction(paramères) :
3      [Exécution des opéarations .]
4      return résultat
```

Exemple. fonction qui renvoie la somme de deux nombres

```
1  # fonction qui prend en argument deux nombres
2  def somme(x , y) :
3      sum = x + y
4      return sum
5  print("La somme de 5 et 3 est : " , somme(5,3))
6  # affiche : La somme de 5 et 3 est : 8
```

Remarque. Une fonction ne contient pas nécessairement des paramètres. On peut selon le besoin créer des fonctions sans paramètres.

Exemple. (fonction sans paramètres)

```
1  def hello() :
2      print("hello World !")
3
4  # Exécuter la fonction
5  hello()
```

Comme vous l'avez constaté, cette fonction ne prend aucun paramètre en entrée, mais en l'exécutant elle affiche le message :

Hello world !

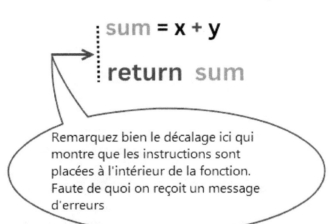

Remarque. Le **langage Python** possède déjà des fonctions **prédéfinies** comme **print**() pour afficher du texte ou une variable, **input**() pour lire une saisie clavier. Mais il offre à l'utilisateur la possibilité de créer ses propres fonctions afin d'améliorer son code.

2.6 Lire une saisie clavier avec la fonction input()

1. **La fonction input**() : Python utilise cette fonction comme un outil essentiel pour permettre l'**interaction entre un programme et l'utilisateur**. Elle permet de **lire une saisie cla-**

vier effectuée par l'utilisateur, puis de **stocker la valeur** entrée sous forme de **chaîne de caractères** dans une **variable.**

2. **Son utilisation est simple :** lorsque le programme exécute une commande contenant **input(),** il affiche un message indiquant à l'utilisateur ce qu'il doit saisir. Ensuite, le programme attend que l'utilisateur entre une valeur et appuie sur la **touche "Entrée".** Cette valeur est alors capturée et peut être utilisée dans le programme.

Exemple. (programme qui demande à l'utilisateur de saisir son nom)

```
1 # demander a l'utilisateur de saisir son nom :
2 nom = input("Saisir votre nom : ")
3
4 # Affichons maintenant un message de bienvenue
5 print("Bienvenue : " , nom)
```

— L'exécution du programme ci-dessus **invite l'utilisateur à taper son nom** via un message affiché à l'écran : **'Saisir votre nom :'**
— Quand l'utilisateur **saisi son nom** par exemple **David,** le programme lui affiche le message :

Bienvenue : David

Chapitre 3

Structures de contrôles

Structure de contrôles en Python

Le langage **Python** offre un certain nombre de **structures de contrôles** dont le but de **contrôler l'exécution** du **code** :

1. **if . else .** : Exécute un ensemble d'instructions lorsqu'une condition est réalisée

2. **for** : Exécute des instructions répétées.

3. **while** : Exécute un ensemble d'instructions tant qu'une condition est réalisée
---

3.1 La structure sélective if . else .

Les **structures sélectives** sont essentielles pour prendre des décisions conditionnelles dans le code. La structure sélective if .else, permet d'exécuter un ensemble d'**instructions** lorsqu'une **condition** est **réalisée.**

Syntaxe :

```
1  if ( condition ) :
2      instructions .
3  else :
4      autres  instructions .
```

Exemple. structure **if . else.**

```
1  age = 19
2  if ( age >= 18 ) :
3      print ( "Vous êtes majeur !" )
4  else :
5      print ( "Vous êtes mineur !" )
6  # affiche vous êtes majeur !
```

3.2 L'instruction elif

L'instruction **elif** est employée généralement lorsque l'exception comporte **2 ou plusieurs cas à distinguer.** Dans notre exemple ci-dessus **l'exception** est *age* < 18 qui correspond au cas **mineur.** Or le cas mineur comporte les deux cas :

1. **Enfance age < 14**
2. **Adolescence 14 < age < 18**

L'instruction **else** sélectionne la condition **contraire** qui est **age < 18** et donc ne peut distinguer entre les deux cas **enfance** et **adolescence.** Ainsi pour palier à ce problème, on utilise l'instruction **elif.**

Exemple. instruction **elif**

```
1 age = int(input('tapez votre age : '))
2 if(age >= 18):
3     print("Vous êtes majeur !")
4 elif(age<15):
5         print("Vous êtes trop petit !")
6 else:
7         print("Vous êtes adolescent !")
```

3.3 La structure répétitive for .

La boucle for, permet d'exécuter des instructions répétés. Sa syntaxe est :

```
1 for compteur in range(début_compteur, fin_compteur):
2     instructions.
```

Exemple. affichage des 10 premiers nombres

```
1 for i in range(1,11):
2     print(i)
3 #affiche les 10 premiers nombres 1 , 2 , ., 10
```

Remarque 1. Noter que dans la boucle **for i in range(1,n)** le dernier qui est « n » **n'est pas inclus**! Cela veut dire que la boucle s'arrête à **l'ordre n-1.**

3.4 La structure répétitive while

La structure **while** permet d'exécuter un ensemble d'instructions tant qu'une condition est réalisée et que l'exécution s'arrête lorsque la condition n'est plus satisfaite. Sa sytaxe est :

```
1  while ( condition ) :
2          intructions.
```

Exemple. affichage des 10 premiers entiers avec la **boucle while**

```
1  i = 1
2  while ( i <= 10) :
3          print(i)
4          i = i + 1
5  # ce programme affiche les entiers : 1 2 3 . 10
```

3.5 Les exceptions en Python (Try Except)

3.5.1 Exemple introductif

Considérons le code suivant qui permet de calculer le quotient de deux nombres a et b :

```
1  a = int(input("Tapez la valeur de a : "))
2  b = int(input("Tapez la valeur de b : "))
3  print("Le quotient de a par b est : a/b = " , a/b)
```

Si vous exécutez le code ci-dessus en donnant **a = 6** et **b = 3**, le programme renvoie :

Le quotient de a par b est : a/b = 2.0

Aucun problème! Mais si l'utilisateur donne **a = 6** et **b = 0** le programme renvoie le message d'erreur :

builtins.ZeroDivisionError : division by zero.

En plus l'interpréteur python arrête l'exécution du code

Afin d'éviter ce message d'erreur, et continuez à exécuter la suite du code, on utilise la structure **Try . except**

1. **Le bloc try** permet de tester un bloc de code s'il contient des erreurs ou non et ne l'exécute que s'il ne contient aucune erreur ! Dans le cas contraire le programme ignore la totalité du code dans ce bloc et passe au bloc suivant **except**.

2. **Le bloc except**, vous permet de gérer l'erreur.

3. **Le bloc finally**, vous permet d'exécuter du code, quel que soit le résultat des blocs **try** et **except**.

3.5.2 Gestion des exceptions

Lorsqu'une erreur se produit, ou exception comme nous l'appelons, Python s'arrête normalement et génère un message d'erreur.

Ces exceptions peuvent être gérées à l'aide de l'instruction try :

Exemple. .

```
1 a = int(input("Tapez la valeur de a : "))
2 b = int(input("Tapez la valeur de b : "))
3 try :
4     print("Le quotient de a par b est : a/b = " , a/b)
5 except :
6     print("Veuillez choisir une valeur b non nulle !")
```

Dans ce cas si vous donnez **a = 6** et **b = 0**, le programme **ignore** le code du **bloc try** après avoir détecté une **erreur** et passe automatiquement au code du **bloc except** et renvoie donc :
   Veuillez choisir une valeur b non nulle !

3.5.3 Exception via une instruction raise

On peut se demander maintenant s'il est possible de lever une exception sans rencontrer une erreur. Exemple pour un programme qui demande à l'utilisateur de tapez son age et de lever une exception si l'age est < 18 ans ! Bien entendu un age tapé qui est inférieur à 18 ans est une opération qui ne contient aucune erreur, et pourtant on peut quand même en lever une :

```
1 try :
2     age = int(input("Veuille saisir votre age"))
3     if age < 18 :
4         raise ValueError
5     else :
6         print("age valide")
7 except :
8     print("age non valide !")
```

3.5.4   L'instruction finally

L'instruction **finally** est utilisée pour exécuter des instructions quelque soit les erreurs générées ou non. Dans tous les cas (présence d'erreurs ou non!) l'instruction déclarée dans le **block finally** sera **exécutée**.

Syntaxe :

```
1 try :
2     # bloc de code pouvant probablement lever une
      exeption
3 finally :
4     # bloc de code qui sera toujours exécuté
```

Chapitre 4

Jour 4 : Les chaînes de caractères

4.1 Définir une chaîne de caractère en Python

Chaînes de caractères

Une **chaîne de caractères**, appelée **simplement "chaîne"** (**string en anglais**), est une **séquence ordonnée de caractères**, généralement utilisée pour représenter des variable **texte**. Les caractères peuvent inclure de**s lettres**, des **chiffres,** des **espaces**, et d'autres symboles. En programmation informatique, une chaîne de caractères est un type de données courant et fondamental.

Les **chaînes de caractères** sont souvent utilisées pour manipuler et représenter du **texte** dans les programmes informatiques. En fonction du langage de programmation que vous utilisez, la syntaxe pour déclarer et manipuler des chaînes peut varier. Voici un exemple pour le **langage Python** :

```
1  my_string = "Ceci est une chaîne de caractères."
```

Comme beaucoup d'autres langages de programmations populaires, les **chaînes** de **caractères** en **Python** sont des **tableaux d'octets** représentant des caractères Unicode. Chaque **caractère** de la chaîne est caractérisé par **sa position** dans la chaîne comme le montre la figure suivante :

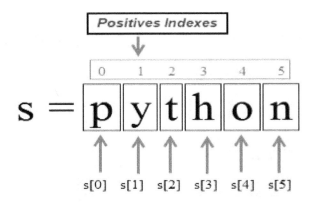

Dans ce cas nous aurons :

```
1  s [ 0 ]   =   ' p '
2  s [ 1 ]   =   ' y '
3  s [ 2 ]   =   ' t '
4  s [ 3 ]   =   ' h '
5  s [ 4 ]   =   ' o '
6  s [ 5 ]   =   ' n '
```

On souhaite parfois faire un parcourt de la chaîne à l'envers, à cet effet on aura la possibilité d'utiliser l'indexage négatif des caractères d'une chaîne :

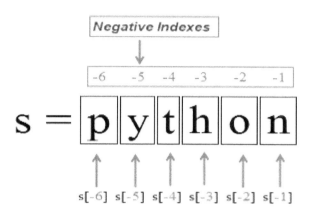

Dans ce cas nous aurons :

```
1  s[−1]  =  'n'
2  s[−2]  =  'o'
3  s[−3]  =  'h'
4  s[−4]  =  't'
5  s[−5]  =  'y'
6  s[−6]  =  'p'
```

4.2 Longueur d'une chaîne de caractères

La **longueur** d'une **chaîne de caractère** est par définition le **nombre de caractères** qui composent la chaîne. Pour obtenir la longueur d'une chaîne de caractère, on utilise la **méthode len()**

Exemple. (longueur de la chaîne **s = "python"**)

```
1  s = "python"
2  print("La longueur de s est :", len(s)) # affiche La
      longueur de s est : 6
```

4.3 Accéder aux éléments d'une chaîne de caractères

Comme nous l'avons mentionné ci-dessus, chaque caractère de la chaîne est caractérisé par sa position (ou son index) Pour accéder à un élément d'une chaîne de **caractère s**, on utilise la syntaxe :

```
s[index_du_caractère]
```

Exemple. Obtenir le premier et deuxième caractère de la chaîne (rappelez-vous que le premier caractère se trouve à la position 0) :

```
s = "Langage Python"
print("premier caractère de s est : ", s[0])# affiche
    : "premier caractère de s est 'L'
print("deuxième caractère de s est : ", s[1])# affiche
    :"deuxième caractère de s est 'a'
```

Exemple. (lister les caractères d'une chaîne via la **méthode len()**)

```
s = "Python"
for i in range(0 , len(s)) :
    print(s[i])
"""affiche :
P
y
t
h
o
n
"""
```

Exemple. (affichage total des caractères d'une chaîne via la méthode d'**itérateur**)

```
1  s = "Python"
2  for x in s:
3      print(x)
4  # affiche :
5  """
6  P
7  y
8  t
9  h
10 o
11 n
12 """
```

4.4 Opération sur les chaînes de caractères

4.4.1 Concaténation de deux chaînes de caractères

Pour faire la **concaténation** de deux **chaînes** de **caractères**, on utilise l'**opérateur '+'** :

Exemple.

```
1  s1 = "Learn "
2  s2 = " Python"
3  # concaténation de s1 et s2
4  s = s1 + s2
5  print(s) # affiche : 'Learn Python'
```

4.4.2   Extraire une sous chaîne de caractères

On **extrait** une **sous chaîne** de s depuis la $i^{ème}$ position jusqu'à la $j^{ème}$ non incluse en utilisant la syntaxe :

```
1  substring = string[i : j]
```

Exemple.

```
1  s = "Python"
2  substring = s[2 : 5]
3  print(substring) # affiche : 'tho'
```

4.5   Les méthodes de chaînes de caractères

Le langage Python est doté d'un grand nombre de fonctions permettant la manipulation des chaînes de caractères : calcul de la **longueur de la** chaîne, transformation en **majuscule** et **minuscule**, extraire une **sosus** chaîne.En voici une liste non exhaustive :

4.5.1   Les principales méthodes associées aux chaînes de caractères

1. **capitalize()** : Met en majuscule la première lettre de la chaîne

2. **center(largeur, remplissage)** : Retourne une chaîne complétée par des espaces avec la chaîne d'origine centrée sur le total des colonnes de largeur.

3. **count (str, beg = 0, end = len (chaîne))** : Compte le nombre de fois où str se produit dans une chaîne ou dans une sous-chaîne si le début de l'index de début et la fin de l'index de fin sont indiqués.

4. **decode(encodage = 'UTF-8', erreurs = 'strict')** : Décode la chaîne en utilisant le codec enregistré pour le codage. Le codage par défaut correspond au codage de chaîne par défaut.

5. **encode(encoding = 'UTF-8', errors = 'strict')** : Retourne la version encodée de la chaîne ; en cas d'erreur, la valeur par défaut est de générer une valeur ValueError sauf si des erreurs sont indiquées avec "ignore" ou "remplace".

6. **endswith(suffixe, début = 0, fin = len(chaîne))** : Détermine si une chaîne ou une sous-chaîne de chaîne (si les index de début et de fin d'index de fin sont indiqués) se termine par un suffixe ; renvoie vrai si oui et faux sinon.

7. **expandtabs(tabsize = 8)** : Développe les onglets d'une chaîne en plusieurs espaces ; La valeur par défaut est 8 espaces par onglet si tabsize n'est pas fourni.

8. **find(str, beg = 0 end = len (chaîne))** : Déterminer si str apparaît dans une chaîne ou dans une sous-chaîne de chaînes si l'index de début et l'index de fin sont spécifiés, end renvoie return s'il est trouvé et -1 dans le cas contraire.

9. **format(string s)** : remplace les accolades par la variable string s (voir exemple ci-dessous : 4.5.1)

10. **index(str, beg = 0, end = len (chaîne))** : Identique à find (), mais déclenche une exception si str n'est pas trouvé.

11. **isalnum()** : Retourne true si la chaîne a au moins 1 caractère et que tous les caractères sont alphanumériques et false sinon.

12. **isalpha()** : Retourne vrai si la chaîne a au moins 1 caractère et que tous les caractères sont alphabétiques et faux sinon.

13. **isdigit()** : Renvoie true si la chaîne ne contient que des chiffres et false sinon.

14. **islower()** : Retourne true si la chaîne a au moins 1 caractère en casse et que tous les caractères en casse sont en minuscule et false sinon.

15. **isnumeric()** : Renvoie true si une chaîne unicode contient uniquement des caractères numériques et false sinon.

16. **isspace()** : Renvoie true si la chaîne ne contient que des caractères d'espacement et false sinon.

17. **istitle()** : Retourne true si la chaîne est correctement "titlecased" et false sinon.

18. **isupper()** : Renvoie true si string contient au moins un caractère et que tous les caractères sont en majuscule et false sinon.

19. **join(seq)** : Fusionne (concatène) les représentations sous forme de chaîne d'éléments en séquence seq dans une chaîne, avec chaîne de séparation.

20. **len(chaîne)** : Retourne la longueur de la chaîne

21. **ljust(largeur [, remplissage])** : Renvoie une chaîne complétée par des espaces avec la chaîne d'origine justifiée à gauche pour un total de colonnes de largeur.

22. **lower()** : Convertit toutes les lettres majuscules d'une chaîne en minuscules.

23. **lstrip()** : Supprime tous les espaces en début de chaîne.

24. **maketrans()** : Renvoie une table de traduction à utiliser dans la fonction de traduction.

25. **max(str)** : Renvoie le caractère alphabétique maximal de la chaîne str.

26. **min(str)** : Renvoie le caractère alphabétique minimal de la chaîne str.

27. **replace(ancien, nouveau [, max])** : Remplace toutes les occurrences de old dans string par new ou au maximum max si max donné.

28. **rfind(str, beg = 0, end = len(chaîne))** : Identique à find(), mais recherche en arrière dans string.

29. **rindex(str, beg = 0, end = len (chaîne))** : Identique à index(), mais recherche en arrière dans string.

30. **rjust(largeur, [, remplissage])** : Renvoie une chaîne complétée par des espaces avec la chaîne d'origine justifiée à droite, avec un total de colonnes de largeur.

31. **rstrip()** : Supprime tous les espaces de fin de chaîne.

32. **split(str = "", num = string.count (str))** : Divise la chaîne en fonction du délimiteur str (espace si non fourni) et renvoie la liste des sous-chaînes ; divisé en sous-chaînes au maximum, le cas échéant.

33. **splitlines(num = string.count ('\ n'))** : Fractionne la chaîne de tous les NEWLINE (ou num) et renvoie une liste de chaque ligne sans les NEWLINE.

34. **startswith(str, beg = 0, end = len (chaîne))** : Détermine si string ou une sous-chaîne de chaîne (si les index de début et de fin d'index de fin sont indiqués) commence par la sous-chaîne str ; renvoie vrai si oui et faux sinon.

35. **strip([chars])** : Effectue **lstrip ()** et **rstrip ()** sur chaîne.

36. **swapcase()** : Inverse la casse de toutes les lettres d'une chaîne.

37. **title()** : Retourne la version "titlecased" de la chaîne, c'est-à-dire que tous les mots commencent par une majuscule et le reste est en minuscule.

38. **translate(table, deletechars = "")** : Traduit la chaîne en fonction de la table de traduction str (256 caractères), en supprimant celles de la chaîne del.

39. **upper()** : Convertit les lettres minuscules d'une chaîne en majuscules.

40. **zfill(largeur)** : Renvoie la chaîne d'origine laissée avec des zéros à un total de caractères de largeur ; destiné aux nombres, zfill () conserve tout signe donné (moins un zéro).

41. **isdecimal()** : Renvoie true si une chaîne unicode ne contient que des caractères décimaux et false sinon.

42. **s[i : j]** : Extrait la sous chaîne de s depuis la ième position jusqu'à la jème non incluse

43. **s[i :]** : Extrait la sous chaîne de s depuis la ième position jusqu'à la fin de la chaîne

44. **s[: j]** : Extrait la sous chaîne de s depuis le début jusqu'à la jème position non incluse

Exemple. transformation d'une chaîne en minuscule

```
1  s="LEARN PYTHON"
2  s = s.lower ()
3  print(s) # learn python
```

Exemple. remplacement d'une occurrence par une autre

```
1 s="Learn Python"
2 s = s.replace("Learn","Apprendre")
3 print(s) # affiche : 'Apprendre Python'
```

Exemple. Nombre de caractères d'une chaîne

```
1 s = "LEARN PYTHON"
2 n = len(s)
3 print("Le nombe de caractères de la chaîne s est : ",
        n)
4 # affiche : 'Le nombe de caractères de la chaîne s est
        : 12'
```

Exemple. String.format

```
1 nom = "David"
2 age = 37
3 s = 'Bonjour , {}, vous avez {} ans'.format(nom,age)
4 print(s) # affiche 'Bonjour, David, vous avez 37 ans'
```

Exemple. méthode f-string

```
1 # définir des variables Python
2 name = "Albert"
3 age = 22
4
5 # usage de la méthode f-string
6 print(f"Nom : {name}, Age : {age}")
7 # output : "Nom : Albert, Age : 22"
```

Exemple. extraire une sous chaîne

```
1 s = "LEARN PYTHON"
2 s1 = s[6:9]
3 print(s1)     # affiche PYT
4 s2 = s[7:]
5 print(s2)     # affiche YTHON
6 s3 = s[:4]
7 print(s3)     # affiche LEAR
```

Exemple. récapitulatif sur les méthodes des chaînes Python

```
1 # Définition de la chaîne initiale
2 s = " hello world 123 "
3
4 # str.capitalize()
5 result1 = "hello".capitalize()   # "Hello"
6 print(f"capitalize : '{result1}'")
7
8 # str.endswith(suffix)
9 result2 = "hello".endswith("lo")   # True
10 print(f"endswith : {result2}")
11
12 # str.find(sub)
13 result3 = "hello".find("e")   # 1
14 print(f"find : {result3}")
15
16 # str.index(sub)
17 try:
18     result4 = "hello".index("e")   # 1
```

```python
19      print(f"index : {result4}")
20  except ValueError :
21      print("index : substring not found")
22
23  # str.isalnum()
24  result5 = "hello123".isalnum()   # True
25  print(f"isalnum : {result5}")
26
27  # str.isalpha()
28  result6 = "hello".isalpha()   # True
29  print(f"isalpha : {result6}")
30
31  # str.isdigit()
32  result7 = "123".isdigit()   # True
33  print(f"isdigit : {result7}")
34
35  # str.join(iterable)
36  result8 = " ".join(["hello", "world"])   # "hello world
        "
37  print(f"join : '{result8}'")
38
39  # str.lower()
40  result9 = "HELLO".lower()   # "hello"
41  print(f"lower : '{result9}'")
42
43  # str.lstrip()
44  result10 = " hello".lstrip()   # "hello"
45  print(f"lstrip : '{result10}'")
```

```
46
47  # str.replace(old, new)
48  result11 = "hello world".replace("world", "Python")  #
        "hello Python"
49  print(f"replace : '{result11}'")
50
51  # str.rstrip()
52  result12 = "hello ".rstrip()  # "hello"
53  print(f"rstrip : '{result12}'")
54
55  # str.split(sep=None)
56  result13 = "hello world".split()  # ["hello", "world"]
57  print(f"split : {result13}")
58
59  # str.startswith(prefix)
60  result14 = "hello".startswith("he")  # True
61  print(f"startswith : {result14}")
62
63  # str.strip()
64  result15 = " hello ".strip()  # "hello"
65  print(f"strip : '{result15}'")
66  # str.title()
67  result16 = "hello world".title()  # "Hello World"
68  print(f"title : '{result16}'")
69  # str.upper()
70  result17 = "hello".upper()  # "HELLO"
71  print(f"upper : '{result17}'")
```

Exemple. récapitulatif sur les méthodes de tranchage (slicing)

```python
s = "python"

# Extraction d'une sous-chaîne
result1 = s[1:4]   # "yth"

# Extraction d'une sous-chaîne avec un pas spécifique
result2 = s[0:6:2]   # "pto"

# Extraction depuis le début jusqu'à un indice donné
result3 = s[:4]   # "pyth"

# Extraction depuis un indice donné jusqu'à la fin
result4 = s[2:]   # "thon"

# Extraction de toute la chaîne
result5 = s[:]   # "python"

# Slicing avec indices négatifs
result6 = s[-4:-1]   # "tho"

# Extraction de la chaîne à l'envers
result7 = s[::-1]   # "nohtyp"
# Extraction avec un pas négatif
result8 = s[5:2:-1]   # "noh"
# Slicing avec un pas positif
result9 = s[::2]   # "pto"
```

Chapitre 5

Jour 5 : Les listes en Python

5.1 Création d'une liste en Python

Les listes en Python

Une liste en Python est un type de données ordonnée et modifiable permettant de stocker une collection ordonnées d'éléments. Chaque élément est caractérisé par son unique index permettant de déterminer sa position. En Python, les listes sont écrites entre crochets.

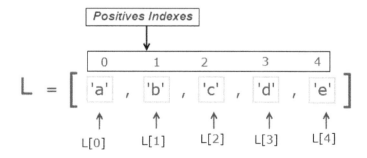

Remarque. Pour accéder à un élément d'une liste L, on utilise son index.

Exemple. Pour accéder au **premier élément** de la liste, on utilise la syntaxe $L[0]$, pour accéder au **deuxième élément**, on utilise la syntaxe $L[1]$ et ainsi de suite jusqu'au **dernier élément.**

Le schéma ci-dessus explique bien que chaque élément de la liste est repéré par son index et nous aurons donc :

```
1  L = [ 'a', 'b', 'c', 'd', 'e' ]
2  L[0]  =  'a'
3  L[1]  =  'b'
4  L[2]  =  'c'
5  L[3]  =  'd'
6  L[4]  =  'e'
```

Remarque. L'indexation **positive** d'une **liste L** commence toujours par la **valeur 0** et se termine par la **valeur n-1** où **n** est la longueur de la liste **L.**

On se trouve parfois obligé à faire un parcourt de la liste à l'envers,

à cet effet on pourra utiliser l'indexage négatif des éléments d'une liste :

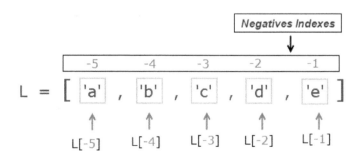

Nous aurons dans ce cas :

```
1 L = ['a', 'b', 'c', 'd', 'e']
2 L[-1] = 'e'
3 L[-2] = 'd'
4 L[-3] = 'c'
5 L[-4] = 'b'
6 L[-5] = 'a'
```

Exemple. —

```
1 #Création d'une liste
2 myList = ["Python", "Java", "PHP"]
3 # Affichage de la liste
4 print (myList)
```

5.2 Accès aux éléments d'une liste.

Vous accédez aux éléments d'une liste Python, en vous référant au numéro d'index :

Exemple. Imprimer le 3ème élément de la liste :

```
1 myList = ["Python", "Java", "PHP"]
2 print(myList[2])   # Affiche 'PHP'
```

5.3 Changer la valeur d'un élément de la liste

Pour modifier la valeur d'un élément spécifique, reportez-vous au numéro d'index. Voici donc la syntaxe générale :

```
1 ma_liste[index] = nouvelle_valeur
```

Exemple. Changer le deuxième élément :

```
1  myList = ["Python", "Java", "PHP"]
2  myList[1]="Oracle"
3  print(myList) # affiche : ['Python','Oracle','PHP']
```

5.4 Parcourir les éléments d'une liste Python

Vous pouvez parcourir les éléments d'une liste en Python, en utilisant une boucle for :

Exemple. Imprimer tous les éléments de la liste, un par un :

```
1  myList = ["Le", "Langage", "Python"]
2  for x in myList :
3      # Afficher tous les éléments de la liste un par un
4      print(x)
5  """Affiche :
6  'Le'
7  'Langage'
8  'Python'
9  """
```

5.5 Longueur d'une liste Python

La fonction **len()** en Python est utilisée pour obtenir le **nombre d'éléments** contenus dans une **liste** (ou dans d'autres types de séquences ou collections comme **chaînes, tuples, dictionnaires, etc.**).

Syntaxe :

```
1  longueur = len(list)
```

Exemple. Imprimer le nombre d'éléments de la liste :

```
1 myList = ["Python", "Java", "PHP"]
2 print ("La longueur de ma liste est" , len (myList))
3 # Affiche : La longueur de ma liste est 3
```

5.6 Ajouter ou supprimer des éléments à la liste

5.6.1 Ajouter un un élément à une liste Python

– **Pour ajouter un élément à la fin de la liste, on utilise la méthode** append() :

Exemple. ajouter un élément à la liste avec la méthode append() :

```
1 myList = ["apprendre", "le", "langage"]
2 myList.append ("Python")
3 print (myList)
4 #Affiche : ["apprendre", "le", "langage", "Python"]
```

– **Pour ajouter un élément à l'index spécifié, utilisez la méthode** insert() :

Exemple. Insérer un élément en deuxième position :

```
1 myList = ["Python", "Java", "PHP"]
2 myList.insert (1, "C++")
3 print (myList)
4 # Affiche : ["Python", "C++" "Java", "PHP"]
```

5.6.2   Retirer un élément d'une liste Python

Il existe plusieurs méthodes pour supprimer des éléments d'une liste :

1. **remove()**
2. **pop()**
3. **clear()**
4. **del**

✒ Supprimer un élément d'une liste

1. La méthode remove() supprime un élément spécifié.

2. La méthode pop() supprime un élément en spécifiant son index (ou le dernier élément si aucun index n'est spécifié)

3. Le mot clé del supprime l'élément à l'index spécifié(del permet également de supprimer complètement la liste)

4. La méthode clear() vide la liste

Exemple. suppression d'un élément spécifié avec la méthode **remove()**

```
1 myList = ["Python", "Java", "PHP"]
2 myList.remove ("Java")
3 print (myList) # Affiche : ["Python", "PHP"]
```

Exemple. Suppression d'un élément d'index spécifié avec la méthode pop()

```
1 myList = ["Python", "Java", "PHP"]
2 myList.pop(0)
3 print (myList) # Affiche : ["Java", "PHP"]
```

Exemple. suppression d'élément à un index spécifié avec la méthode **del** :

```
1  myList = ["Python", "Java", "PHP"]
2  del myList[1]
3  print (myList) # affiche : ["Python", "PHP"]
```

Remarque 2. Le mot clé del peut également **supprimer** complètement la liste :

Exemple. suppression d'une liste

```
1  myList = ["Python", "Java", "PHP"]
2  del myList
3  print (myList) # cela causera une erreur car "myList"
        n'existe plus.
```

Exemple. vider une liste

```
1  myList = ["Python", "Java", "PHP"]
2  myList.clear ()
3  print (myList) # cela affiche des crochets vides [ ]
        car "myList" est vide.
```

5.6.3 Transformer une chaîne de caractères en une liste

Pour **transformer** une **chaîne de caractères** en une **liste**, Python nous offre une méthode spéciale à savoirs la méthode **split()**. Cette dernière est utilisée pour diviser une chaîne de caractères en une **liste de sous-chaînes,** en fonction d'un **séparateur spécifique.** Si aucun **séparateur** n'est spécifié, la **méthode split()**, utilise par défaut les espaces blancs (incluant les espaces, les tabulations \t et les sauts de ligne \n).

Exemple. méthode split()

```
1 s = "Apprendre le langage python"
2 liste = s.split()
3 print(liste)
4 # Affiche :['Apprendre', 'le', 'langage', 'python']
```

Exemple. méthode **split()** avec caractère de séparation

```
1 s = "Bonjour, je souhaite, apprendre python"
2 liste = s.split(',')
3 print(liste)
4 # Affiche : ['Bonjour', 'je souhaite', 'apprendre
      python']
```

5.6.4   Transformer une liste en une chaîne de caractères

Nous allons maintenant comment réaliser l'opération inverse : transformer une liste en une chaîne de caractères ! La méthode qui peut jouer l'affaire dans ce cas c'est la méthode **join()** :

Exemple. la méthode join()

```
1 L = ['Apprendre', 'le', 'langage', 'python']
2 s = ":".join(L)
3 print(s)
4 # Affiche : Apprendre :le :langage :python
5 # Utiliser l'espace comme motif de séparation
6 s = " ".join(L)
7 print(s) #Affiche : Apprendre le langage python
```

5.6.5   Compter la fréquence des éléments d'une liste

On souhaite parfois obtenir des informations concernant le nombre de répétition des termes d'une liste. Pour ce faire on doit importer le **module collection** et utiliser la méthode **Counter()** :

Exemple. la méthode **Counter()**

```
1  from collections import Counter
2  l = ['France', 'Espagne', 'USA', 'France', 'USA', '
       France']
3  print(Counter(l)) # Affiche : Counter({'France': 3, '
       USA': 2, 'Espagne': 1})
```

5.7   Les différente méthodes destinées aux listes

Python a un ensemble de méthodes intégrées que vous pouvez utiliser pour manipuler listes d'une façon très souple :

1. append() : ajoute un élément à la fin de la liste
2. clear() : supprime tous les éléments de la liste
3. copy() : retourne une copie de la liste
4. count() : retourne le nombre d'éléments avec la valeur spécifiée
5. extend() : ajoute les éléments d'une liste (ou de tout élément itérable) à la fin de la liste actuelle
6. index() : retourne l'index du premier élément avec la valeur spécifiée.
7. insert() :ajoute un élément à la position spécifiée
8. pop() : supprime l'élément à la position spécifiée
9. remove() : supprime l'élément avec la valeur spécifiée
10. reverse() : inverse l'ordre de la liste
11. sort() : trie la liste

Exemple. récapitulatif

```
1  L = ['a', 'b', 'c', 'd', 'e']
2  print("Liste initiale :", L)
3
4  # 1. append() : ajoute un élément à la fin de la liste
5  L.append('f')
6  print("Après append() :", L)  # ['a', 'b', 'c', 'd', '
      e', 'f']
7
8  # 2. clear() : supprime tous les éléments de la liste
9  L.clear()
10 print("Après clear() :", L)  # []
11
12 # 3. copy() : retourne une copie de la liste
13 L = ['a', 'b', 'c', 'd', 'e']
14 L_copy = L.copy()
15 print("Copie de la liste :", L_copy)
16 # ['a', 'b', 'c', 'd', 'e']
17
18 # 4. count() : retourne le nombre d'occurrences d'un
      éléments
19 count_b = L.count('b')
20 print("Nombre de 'b' dans la liste :", count_b)  # 1
21
22 # 5. extend() : ajoute les éléments la fin de la liste
23 L.extend(['f', 'g', 'h'])
24 print("Après extend(['f', 'g', 'h']) :", L)
```

```
25 # ['a', 'b', 'c', 'd', 'e', 'f', 'g', 'h']
26
27 # 6. index() : retourne l'index du premier élément
       avec la valeur spécifiée
28 index_c = L.index('c')
29 print("Index de 'c' dans la liste :", index_c)  # 2
30
31 # 7. insert() : ajoute un élément à la position
       spécifiée
32 L.insert(2, 'z')
33 print("Après insert(2, 'z') :", L)  # ['a', 'b', 'z',
       'c', 'd', 'e', 'f', 'g', 'h']
34
35 # 8. pop() : supprime l'élément à la position
       spécifiée
36 popped_element = L.pop(2)
37 print("Élément supprimé par pop(2) :", popped_element)
          # 'z'
38 print("Après pop(2) :", L)  # ['a', 'b', 'c', 'd', 'e
       ', 'f', 'g', 'h']
39
40 # 9. remove() : supprime l'élément spécifié
41 L.remove('d')
42 print("Après remove('d') :", L)  # ['a', 'b', 'c', 'e
       ', 'f', 'g', 'h']
43
44 # 10. reverse() : inverse l'ordre de la liste
45 L.reverse()
```

```
46 print("Après reverse() :", L)  # ['h', 'g', 'f', 'e',
       'c', 'b', 'a']
47
48 # 11. sort() : trie la liste
49 L.sort()
50 print("Après sort() :", L)  # ['a', 'b', 'c', 'e', 'f
       ', 'g', 'h']
```

5.8 Tableau récapitulatif

Liste	Méthode	Sortie
L = [11, 3, 2, 7]	L.append(4)	[11, 3, 2, 7, 4]
L = [1, 2, 3]	L.clear()	None
L = [1, 2, 3]	Lc = L.copy()	Lc = [1, 2, 3]
L = [11, 7, 3, 7]	L.count(7)	2
L = [1, 2, 3]	L.extends([7, 11])	[1, 2, 3, 7, 11]
L = [11, 7, 5, 7]	L.index(5)	2
L = [1, 7, 11, 2]	L.insert(3, 19)	[1, 7, 11, 19, 2]
L = [1, 7, 11, 3, 37]	L.pop()	[1, 7, 11, 3]
L = [1, 7, 11, 7, 3]	L.remove(7)	[1, 11, 7, 3]
L = [1, 2, 3, 4, 5]	L.reverse()	[5, 4, 3, 2, 1]
L = [1, 27, 11, 7, 3]	L.sort()	[1, 3, 7, 11, 27]
L = [11, 7, 5, 7]	len(L)	4
L = [11, 7, 5, 7]	min(L)	5
L = [11, 7, 5, 7]	max(L)	11
L = [1, 2, 3]	set(L)	{1, 2, 3}
L = [1, 2, 3]	sum(L)	
L = [3, 1, 7]	list(enumerate(L))	[(0, 3), (1, 1), (2, 7)]
L = [11, 21, 7]	tuple(L)	(11, 21, 7)
L1 = [1, 2], L2 = [3, 4]	L1 + L2	[1, 2, 3, 4]
L = [1, 2]	3 * L	[1, 2, 1, 2, 1, 2]

Chapitre 6

Jour 6 : Les tuples

6.1 Définir un tuple en Python

> ✏️ **Les tuples en python**
>
> Un tuple est une collection ordonnée et non modifiable (n-uplets en mathématiques). En Python, les tuples sont écrits avec des parenthèses.

Exemple. Création d'un tuple :

```
1  myTtuple = ("cartable", "cahier", "livre")
2  print(myTuple)
3  # Affiche : ('cartable', 'cahier', 'livre')
```

6.2 Accéder aux élément d'un tuple

Vous pouvez accéder aux éléments d'un tuple en vous référant au numéro d'index, entre crochets :

Exemple. Accéder à l'élément qui se trouve en position 1 :

```
1  myTuple = ("cartable", "cahier", "livre")
2  print(myTuple[1])
3  # Affiche : cahier
```

Remarque 3. Une fois un tuple est créé, vous ne pouvez pas modifier ses valeurs. Les tuples sont immuables.

6.3 Boucle à travers un tuple

Vous pouvez parcourir les éléments d'un tuple en utilisant une boucle for.

Exemple. Parcourez les éléments et imprimez les valeurs :

```
1  myTuple = ("cartable", "cahier", "livre")
2  for x in myTuple:
3      print (x)
4  # Affiche tous les éléments du tuple.
```

6.4 Vérifier si un élément existe dans un tuple

Pour déterminer si un élément spécifié est présent dans un tuple, utilisez le mot-clé in :

Exemple. Vérifiez si **"cartable"** est présent dans le tuple :

```
1  myTuple = ("cartable", "cahier", "livre")
2  if("cartable" in myTuple):
3      print("Oui, 'cartable' est dans  myTuple")
```

6.5 Longueur d'un tuple

La longueur d'un tuple désigne le nombre d'éléments qui le compose. Pour déterminer la longueur d'un tuple en Python, on utilise la méthode **len()** :

Exemple. nombre d'éléments d'un tuple :

```
1  myTuple = ("cartable", "cahier", "livre")
2  print(len(myTuple))
3  # Affiche 3
```

6.6 Ajout ou suppression d'éléments impossible à un tuple

Remarque 4. Une fois qu'un tuple est créé, on ne peut lui ajouter d'éléments. Les tuples sont **immuables**.

Exemple. Ajout d'éléments impossible à un tuple :

```
1  myTuple = ("cartable", "cahier", "livre")
2  myTuple [2] = "Stylo"
3  """
4  Ceci provoquera l'erreur suivante :
5  TypeError : 'tuple' object does not support item
       assignment
6  """
```

6.7 Suppression d'un tuple

Les tuples ne sont pas modifiables ! Vous ne pouvez donc pas en supprimer d'éléments, mais vous pouvez supprimer complètement le tuple à l'aide du mot clé **del** :

Exemple. Supprimer complètement un tuple :

```
1 myTuple = ("cartable", "cahier", "livre")
2 del myTuple
3 print(myTuple) #cela générera une erreur car le tuple
     n'existe plus
```

6.8 Création d'un tuple à l'aide constructeur

Il existe une autre méthode pour créer un tuple qui consiste à utiliser le constructeur **tuple()**.

Exemple. Création d'un tuple en utilisant le constructeur tuple() :

```
1 myTuple = tuple (("cartable", "cahier", "livre"))
2 # notez les doubles parenthèses rondes
3 print(myTuple)
```

6.9 Méthodes associées à un tuple

Python a deux méthodes intégrées que vous pouvez utiliser sur des n-uplets.

1. **count ()** : retourne le nombre de fois qu'une valeur spécifiée apparaît dans un tuple.

2. **index ()** : recherche dans le tuple une valeur spécifiée et renvoie la position de l'endroit où il a été trouvé.

Chapitre 7

Jour 7 Dictionnaires et Ensembles

7.1 Les dictionnaires en Python

7.1.1 Définir un dictionnaire en Python

> **Dictionnaires Python**
>
> Un dictionnaire est une implémentation par Python d'une structure de données semblable à un tableau associatif.
>
> Un dictionnaire consiste en une collection de paires clé-valeur. Chaque paire clé-valeur fait attacher la clé à sa valeur associée.

On peut définir un dictionnaire en entourant des accolades { } une liste de **paires clé-valeur** séparées par des virgules.

Syntaxe :

```
1  dic = {key1 : valeur1 , key2 : valeur2 , key3 : valeur3 , .}
```

Pour accéder à une valeur à partir du dictionnaire, on utilise le nom du dictionnaire suivi de la clé correspondante entre crochets :

```
1  dic = {key1 : valeur1 , key2 : valeur2 , key3 : valeur3 , .}
```

```
2 print(dic[key1]) # affiche valeur1
```

Exemple. Annuaire téléphonique

```
1 phoneBook = {"Majid":"0556683531", "Tomas":"0537773332
     ", "Bernard":"0668793338", "Hafid":"066445566"}
2 print(phoneBook["Majid"]) # affiche 0556683531
```

7.1.2   Parcourir les valeurs et les clés d'un dictionnaire Python

Un dictionnaire en Python est doté d'une méthode nommée **values()** qui permet de parcourir ses valeurs, et d'une autre nommée **keys()** permettant de parcourir ses clés.

Exemple. parcourt des valeurs d'un dictionnaire

```
1 phoneBook={"Majid":"0556633558","Tomas":"0587958414","
     Bernard":"0669584758"}
2 for valeur in phoneBook.values():
3     print(valeur)
```

Exemple. parcourt des clés d'un dictionnaire

```
1 phoneBook={"Majid":"0556633558","Tomas":"0587958414","
     Bernard":"0669584758"}
2 for key in phoneBook.keys():
3     print(key)
```

Remarque 5. On peut aussi parcourir les clés et les valeurs en même temps en passant à la méthode **items()**

Exemple. parcourt des clés et des valeurs

```
1 phoneBook={"Majid" :"0556633558","Tomas" :"0587958414","
      Bernard" :"0669584758"}
2 for key , valeur in phoneBook.items() :
3     print(key, valeur)
```

7.1.3 Mettre à jour, ajouter ou supprimer des éléments d'un dictionnaire

Mettre à jour un élément du dictionnaire

On peut mettre à jour un élément du dictionnaire directement en affectant une valeur à une clé :

Exemple. gestionnaire d'un stock

```
1 stock={"Laptop" :15, "Imprimante" :35,"Tablette" :27}
2
3 #modification de la valeur associée à la clé "
      Imprimante"
4 stock["Imprimante"]=42
5 print(stock)
6 # affiche : {'Laptop': 15, 'Imprimante': 42, 'Tablette
      ': 27}
```

Ajouter un élément au dictionnaire

Dans le cas d'une clé inexistante, la même méthode cité ci-dessus, permet d'ajouter des éléments au dictionnaire :

Exemple. Ajouter un élément au stock

```
1 stock={"Laptop" :15, "Imprimante" :35,"Tablette" :27}
2
```

```
3 # Ajout de l'élément "Ipad":18
4 stock["Ipad"]=18
5 print(stock)
6 # affiche : {'Laptop': 15, 'Imprimante': 35, 'Tablette
       ': 27, 'Ipad':18}
```

Supprimer un élément du dictionnaire

On peut supprimer un élément du dictionnaire en indiquant sa clé dans la méthode **pop()**

Exemple. suppression d'un élément du dictionnaire

```
1 stock={'Laptop': 15, 'Imprimante': 35, 'Tablette': 27,
       'Ipad':22}
2
3 # Suppression de l'élément "Imprimante": 35
4 stock.pop("Imprimante")
5 print(stock)
6 # affiche : {'Laptop': 15, 'Tablette': 27, 'Ipad':22}
```

Un dictionnaire est doté d'une autre méthode : **popitem()** qui permet de **supprimer le dernier élément :**

Syntaxe :

```
1 dictionnaire.popitem()
```

Exemple. Suppression du dernier élément

```
1 stock={'Laptop' : 15, 'Imprimante' : 35, 'Tablette' : 27,
       'Ipad' :22}
2
3 # Suppression du dernier élément
4 stock.popitem()
5 print(stock)
6 # affiche : {'Laptop': 15, 'Imprimante': 35, 'Tablette
       ': 27}
```

Vider un dictionnaire

Un dictionnaire Python peut être vider à l'aide de la méthode clear()

Exemple. vider un dictionnaire

```
1 stock={'Laptop' : 15, 'Imprimante' : 35, 'Tablette' : 27,
       'Ipad' :22}
2
3 # vider le dictionnaire
4 stock.clear()
5 print(stock)
6 # affiche un dictionnaire vide : {}
```

7.1.4 Récapitulatif des méthodes associées à un dictionnaire

Voici un récapitulatif des principales méthodes associées à un objet dictionnaire :

1. **clear()** : supprime tous les éléments du dictionnaire.

2. **copy()** : retourne une copie superficielle du dictionnaire.

3. **fromkeys(seq [, v])** : retourne un nouveau dictionnaire avec les clés de seq et une valeur égale à v (la valeur par défaut est None).

4. **get(key [, d])** : retourne la valeur de key. Si la clé ne quitte pas, retourne d (la valeur par défaut est Aucune).

5. **items()** : retourne une nouvelle vue des éléments du dictionnaire (clé, valeur).

6. **keys()** : retourne une nouvelle vue des clés du dictionnaire.

7. **pop(key [, d])** : supprime l'élément avec key et renvoie sa valeur ou d si key n'est pas trouvé. Si d n'est pas fourni et que la clé est introuvable, soulève KeyError.

8. **popitem()** : supprimer et retourner un élément arbitraire (clé, valeur). Lève KeyError si le dictionnaire est vide.

9. **setdefault(key [, d])** : si key est dans le dictionnaire, retourne sa valeur. Sinon, insérez la clé avec la valeur d et renvoyez d (la valeur par défaut est Aucune).

10. **update([other])** : met à jour le dictionnaire avec les paires clé / valeur des autres clés existantes.

11. **values()** : retourne une nouvelle vue des valeurs du dictionnaire

7.2 Les ensembles Python (Python sets)

7.2.1 Définir un ensemble en Python

Ensembles en Python

Un ensemble en Python (Python set) est une collection non ordonnée et non indexée. En Python, les ensembles sont écrits avec des accolades.

Exemple. Création d'un ensemble :

```
1 mySet = {"Stylo", "Crayon", "Gomme"}
2 print(mySet)
```

Remarque 6. Les ensembles ne sont pas ordonnés, les éléments apparaîtront donc dans un ordre aléatoire.

7.2.2 Accès aux éléments d'un ensemble Python

Vous ne pouvez pas **accéder** aux éléments d'un ensemble en faisant référence à un **index**, car les ensembles ne sont pas **ordonnés**, les éléments n'ont pas d'index. Mais vous pouvez **parcourir** les éléments de l'ensemble à l'aide d'une **boucle for** ou demander si une valeur spécifiée est présente dans un ensemble à l'aide du mot **clé in**.

Exemple. Affichage des éléments d'un ensemble

```
1  mySet = {"Stylo", "Crayon", "Gomme"}
2  for x in mySet :
3      print(x)
```

Exemple. vérification d'appartenance d'un élément

```
1  mySet = {"Stylo", "Crayon", "Gomme"}
2  print("Crayon" in mySet) # affiche : True
3  print("Cahier" in mySet) # affiche : False
```

7.2.3 Longueur ou cardinal d'un ensemble Python

Pour connaître la longueur (cardinal) d'un ensemble Python, on utilise la méthode **len()**

Exemple. longueur d'un ensemble python

```
1  mySet = {"Stylo", "Crayon", "Gomme"}
2  cardinal = len(mySet)
3  print("card(mySet) = ", cardinal)
4  # affiche card(mySet) = 3
```

7.2.4   Opérations : ajouter, supprimer ou mettre à jour un ensemble Python

Ajouter un ou plusieurs éléments à un ensemble Python

- Pour **ajoutez un élément** à un ensemble Python, on utilise la méthode **add()** :

Exemple. Ajout d'un élément à l'ensemble

```
1  mySet = {"Stylo", "Crayon", "Gomme"}
2  mySet.add ("Cahier")
3  print(mySet)
```

- On peut aussi **ajouter plusieurs éléments** en même temps, mais cette fois ci avec la méthode **update()** :

Exemple. ajouter plusieurs éléments

```
1  mySet = {"Stylo", "Crayon", "Gomme"}
2  mySet.update (["Cahier", "Cartable", "Trousse"])
3  print(mySet)
```

Supprimer un élément d'un ensemble Python

Pour supprimer un élément d'un ensemble Python, deux choix s'offrent à vous la méthode **remove()** ou la méthode **discard()**

Exemple. supprimer "Crayon" par la méthode **remove()**

```
1  mySet = {"Stylo", "Crayon", "Gomme"}
2  mySet.remove("Crayon")
3  print(mySet) # affiche {'Gomme', 'Stylo'}
```

Remarque 7. Si l'élément à supprimer n'existe pas, **remove()** générera une erreur.

Exemple. supprimer **"Crayon"** par la méthode **discard()** :

```
1  mySet = {"Stylo", "Crayon", "Gomme"}
2  mySet.discard("Crayon")
3  print(mySet) # affiche {'Gomme', 'Stylo'}
```

Remarque 8. Contrairement à la méthode **remove()**, la méthode **discard()** ne génère aucune erreur lorsque l'élément à supprimer n'existe pas ! L'instruction de suppression sera simplement ignorée !

Remarque 9. Vous pouvez également utiliser la méthode **pop()** pour supprimer un élément, mais cette méthode supprimera le dernier élément. Rappelez-vous que les ensembles ne sont pas ordonnés et vous ne saurez pas quel élément sera supprimé. La suppression est **totalement aléatoire !**

Vider un ensemble Python

- Pour vider ensemble Python, on se sert de la méthode **clear()**

Exemple. vider un ensemble Python

```
1  mySet = {"Stylo", "Crayon", "Gomme"}
2  mySet.clear()
3  print(mySet) # affiche set{} (ensemble vide)
```

Supprimer un ensemble

Pour supprimer un ensemble Python, on utilise la commande **del**

Exemple. Supprimer un ensemble

```
1  mySet = {"Stylo", "Crayon", "Gomme"}
2  del mySet
3  print(mySet)# NameError : name 'mySet' is not defined
```

7.2.5   Les méthodes associées à un ensemble

1. **add()** : ajoute un élément à l'ensemble
2. **clear()** : supprime tous les éléments de l'ensemble
3. **copy()** : retourne une copie de l'ensemble
4. **difference ()** : retourne un ensemble contenant la différence entre deux ensembles ou plus.
5. **difference_update()** : supprime les éléments de cet ensemble qui sont également inclus dans un autre ensemble spécifié
6. **discard()** : supprimer l'élément spécifié
7. **intersection()** : retourne un ensemble, qui est l'intersection de deux autres ensembles.
8. **intersection_update()** : supprime les éléments de cet ensemble qui ne sont pas présents dans d'autres ensembles spécifiés.
9. **isdisjoint()** : indique si deux ensembles ont une intersection ou non.
10. **issubset()** : indique si un autre jeu contient ce jeu ou non.
11. **issuperset()** : indique si cet ensemble contient un autre ensemble ou non.
12. **pop()** : supprime un élément de l'ensemble
13. **remove()** : supprime l'élément spécifié
14. **symmetric_difference()** : retourne un ensemble avec les différences symétriques de deux ensembles
15. **symmetric_difference_update()** : insère les différences symétriques de cet ensemble et d'un autre
16. **union()** : retourne un ensemble contenant l'union des ensembles
17. **update()** : met à jour l'ensemble avec l'union de cet ensemble et d'autres

7.3   Fonction Lumbda En Python

7.3.1   A propos de la fonction lumbda

Dont le but de simplifier la syntaxe, Python nous donne la possibilité de ne pas déclarer une fonction de manière standard, c'est-à-dire en utilisant le **mot-clé def.** A cet effet ce type de fonctions est déclarée à l'aide du **mot-clé lambda.** Cependant, les **fonctions Lambda** peuvent accepter n'importe quel nombre d'arguments, mais elles ne peuvent renvoyer qu'une seule valeur sous la forme d'une expression.

7.3.2 Syntaxe de la fonction lumbda

La syntaxe d'une fonction **lumbda** est facile à comprendre à travers un exemple :

Exemple. Fonction lumbda : $x \longmapsto x + 5$

```
1 # définir une fonction lumbda x --> x + 5
2 y = lambda x :x+5
3 # affichage du résultat
4 print (y)
5 print("somme = " , y(7)) # affiche : somme =   12
```

7.3.3 Appliquer un filtre à une liste ou un tuple à l'aide d'une fonction lumbda

La **fonction lumbda** peut aussi être utilisée pour appliquer un filtre à une **liste, un tuple** ou un **dictionnaire.**

Exemple. Exemple filtrer les **éléments pairs** d'une liste de nombres :

```
1 # définir une liste
2 L = [13 , 16 , 22 , 31 , 17 , 46]
3
4 # filtrer les élément pair uniqueme,t
5 list_even = list(filter(lambda x :(x%2 == 0) , L))
6
7 print(list_even) # affiche [16, 22, 46]
```

Exemple. Exemple filtrer les **personnes majeurs** dans un diction-naire :

```
1 # définir un dictionnaire des personnes avec leurs â
      ges
2 d = {'Ahmed' : 15 , 'Robert' : 18 , 'Nathalie': 19 , '
      Cecilia' : 13 , 'David' : 14 }
3
4 # filtrer les personnes majeurs
5 person_major = list( filter(lambda x :(d[x] >= 18) , d))
6
7 print(person_major) # affiche ['Robert', 'Nathalie']
```

7.3.4 Tansformer une liste ou un tuple avec la fonction lambda et la fonction map()

La fonction **map()** en Python accepte une fonction et une liste. Il donne une nouvelle liste qui contient tous les éléments modifiés renvoyés par la fonction pour chaque élément.

Exemple. liste des carrées d'une liste de nombre avec les fonctions lumbda et map() :

```
1 #programme qui renvoie la liste des carrées des
      éléments d'une liste
2 L = [11 , 3 , 7 , 2 , 5 , 9]
3 liste_carrees = list(map(lambda x :x**2 , L))
4
5 # afficher la liste des carrées
6 print(liste_carrees) # affiche [121, 9, 49, 4, 25, 81]
```

7.4 Compréhension des listes en Python

7.4.1 Qu'est ce que la compréhension des listes ?

La compréhension des listes est considéré comme un moyen élégant de définir, de créer une liste en Python et consiste à placer entre des crochets, une expression suivie d'une ou plusieurs structures **for, if, while**. Il s'agit d'une méthode efficace à la fois en termes de calcul, en termes de codage, d'espace et de temps.

7.4.2 Syntaxe

[**expression**(item) **condition**(item)]

Exemple.

```
s = "Python" # Création d'une liste formée des
    caractères de la chaîne s
L = [item for item in s]
print(L) # affiche ['P', 'y', 't', 'h', 'o', 'n']
```

Chapitre 8

Jour 8 : Programmation orientée objet

8.1 Les avantages de la POO

Avantages de la POO
- **Modularité :** Divise le programme en unités indépendantes (classes/objets) pour une meilleure organisation.
- **Réutilisation du code :** L'héritage permet d'utiliser le code existant sans le dupliquer.
- **Abstraction :** Cache les détails complexes et fournit des interfaces simples pour les objets.
- **Facilité de maintenance :** Simplifie la mise à jour et la gestion du code en isolant les modifications.
- **Extensibilité :** Permet d'ajouter de nouvelles fonctionnalités sans toucher au code existant.
- **Polymorphisme :** Permet à différents objets d'être traités de manière uniforme tout en ayant des comportements spécifiques.
- **Gestion de la complexité :** Facilite la gestion de grands projets en les décomposant en classes.

8.2   Le concept de POO en Python

La **programmation orientée objet**, ou **POO**, est un **paradigme** de **programmation** qui permet de structurer les programmes de manière à ce que les propriétés et les comportements soient regroupés dans des objets à part.

Par exemple, un objet peut représenter une personne avec un nom, un âge, une adresse, etc., avec des comportements tels que marcher, parler, respirer et courir. En d'autres termes, la programmation orientée objet est une approche permettant de modéliser des éléments concrets du monde réel tels que les voitures, ainsi que des relations entre des entités telles que les entreprises et les employés, les étudiants et les enseignants, etc. La modélisation POO modélise des entités réelles sous la forme d'objets logiciels certaines données qui leur sont associées et peuvent remplir certaines fonctions.

La **programmation orienté objet** est un type de programmation basée sur la création des **classes** et des **objets** via une méthode appelée **instanciation**. Une classe est un prototype (modèle) codé en un langage de programmation dont le but de créer des objets dotés d'un ensemble de méthodes et attributs qui caractérisent n'importe quel objet de la classe. Les attributs sont des types de données (variables de classe et variables d'instance) et des méthodes, accessibles via la concaténation par points.En programmation orientée objet, la déclaration d'une classe regroupe des méthodes et propriétés (attributs) communs à un ensemble d'objets. Ainsi on pourrait dire qu'une classe représente une catégorie d'objets. Elle apparaît aussi comme une usine permettant de créer des objets ayant un ensemble d'attributs et méthodes communes.

Depuis sa création, **Python** est un langage de **programmation orienté objet**. Pour cette raison, la création et l'utilisation de classes et d'objets en Python est une opération assez simple. Ce cours vous aidera à apprendre étape par étape l'usage de la programmation orienté objet en Python.

8.3 Terminologie de la POO

1. **Classe** - modèle de code abstrait qui représente et caractérise une catégorie d'objets ayant des propriétés communes (**attributs et méthodes**). La création d'un objet à partir d'une classe est appelé **instanciation**. L'objet crée à partir d'une classe est appelé **instance** ou **objet d'instance** (**instance object** en anglais)

2. **Variable de classe** - Variable partagée par toutes les instances d'une classe. Les variables de classe sont définies dans une classe mais en dehors de toute méthode de la classe. Les variables de classe ne sont pas utilisées aussi souvent que les variables d'instance.

3. **Data member** - Une variable de classe ou une variable d'instance qui contient les données associées à une classe et à ses objets.

4. **Surcharge de fonction (Function overloading)** - Affectation de plusieurs comportements à une fonction particulière. L'opération effectuée varie en fonction des types d'objets ou d'arguments impliqués.

5. **Variable d'instance** - Variable définie dans une méthode et n'appartenant qu'à l'instance actuelle d'une classe.

6. **Héritage** - Transfert des caractéristiques d'une classe à d'autres classes qui en sont dérivées.

7. **Instance** - Un objet crée à partir d'une certaine classe. Un objet qui appartient à une classe Circle, par exemple, est une instance de la classe Circle.

8. **Instanciation** - Création d'une instance d'une classe.

9. **Méthode** - Type particulier de fonction définie au sein d'une classe.

10. **Object** - Une instance unique d'une structure de données définie par sa classe. Un objet comprend à la fois des membres de données (variables de classe et variables d'instance) et des méthodes.

11. **Surcharge d'opérateur** - Affectation de plusieurs fonctions à un opérateur particulier.

8.4 Les classes en Python

Pour créer une classe en Python, on utilise l'instruction :

```
class nom_de_la_classe
```

On crée ensuite une méthode qui permet de construire les objets, appelé constructeur via l'instruction :

```
def ___init___(self) :
```

Définition. En Python, un **constructeur** est une **méthode spéciale** utilisée pour **initialiser les objets** lorsqu'une **classe** est **instanciée**. Il s'agit de la méthode ___init___(). Le constructeur est automatiquement appelé lors de la création d'une instance d'une classe.

Exemple. classe **Personne**

```python
class Personne :
    # Constructeur de la classe
    def ___init___(self, nom, age) :
        self.nom = nom
        self.age = age

# Création d'un objet d'instance (Instanciation)
P = Personne("Albert", 27)

# afficher les attributs de l'objet : nom, age.
print("Le nom de la prsonne est : ", P.nom)
print("L'age de la personne est : ", P.age, " ans")
# affiche : Le nom de la prsonne est : Albert
#           L'age de la personne est : 27 ans
```

Explication du code :

1. La **classe Personne** est définie avec un constructeur ___**init**___().

2. Le **constructeur** prend **deux paramètres** supplémentaires à part **self :**
   - Le paramètre **nom :** Le nom de la personne.
   - Le paramètre **age :** L'âge de la personne.

3. **Les attributs self.nom et self.age :** sont initialisés avec les valeurs passées lors de l'instanciation.

Exemple. classe **Rectangle**

```
class Rectangle :
    def ___init___(self,L,l) :
        self.Longueur=L
        self.Largeur=l
monRectangle=Rectangle(7,5)
print("La longueur de mon rectangle est : ",
    monRectangle.Longueur)
print("La largeur de mon rectangle est : ",
    monRectangle.Largeur)
```

Ce qui affiche à l'exécution :
La longueur de mon rectangle est : 7
La largeur de mon rectangle est : 5

On peut aussi améliorer la classe en ajoutant des méthodes permettant d'effectuer différentes tâches.

8.5 Les méthodes d'instances en Python

Définition 1. Une méthode d'instance est une méthode ou procédure nommée au sein de la classe, permettant de définir des propriétés ou comportements des objets d'instances. Une méthode d'instance possède un ou plusieurs paramètre, le premier nommé self est obligatoire !

Exemple. ajout de méthode d'instance qui calcule la **surface** du **rectangle**

```
1  class Rectangle :
2      def __init__(self,L,l) :
3          self.Longueur=L
4          self.Largeur=l
5
6      # méthode qui calcule la surface
7      def surface(self) :
8          return self.Longueur*self.Largeur
9
10 # création d'un rectangle de longueur 7 et de largeur
      5
11 monRectangle = Rectangle(7,5)
12 print("La surface de mon rectangle est : ",
      monRectangle.surface())
```

Ce qui affiche après exécution : *La surface de mon rectangle est : 35*

8.6 Les méthodes de classes en Python

Une méthode de classe en Python est une méthode qui fonctionne au sein de la classe où elle a été crée et elle est plus accessible directement via le nom de la classe ou via un objet d'instance ! Une méthode de classe est caractérisée par :

1. Elle fonctionne à l'intérieur de la classe où elle a été crée et est accessible directement via le nom de la classe ou via un objet d'instance !

2. Une méthode de classe est décorée par **@classmethod**

3. Une méthode de classe possède un premier paramètre obligatoire nommé **cls**

8.7 Attributs d'instances et attributs de classes

Un attribut d'instance est un attribut qui fonctionne avec un objet d'instance tandis qu'un attribut de classe est un attribut qui fonctionne avec la classe

Exemple 1. attributs d'instances & attributs de classes

```
1  class Student :
2      name = 'Aladin' # attribut de classe
3      def __init__(self) :
4          self.age = 30   # attribut d'instance
5
6      @classmethod
7      def displayName(cls) :
8          print("Le nom de l'etudiant est =" , cls.name)
9
10 print(Student.displayName())
```

8.8 Les méthodes statiques

Une **méthode statique** est une méthode qui **appartient à une classe**, mais qui ne nécessite aucune instanciation. Elle peut être utilisée directement en utilisant le nom de la classe :

```
1  nom_de_la_classe.methode_statique()
```

Elle est définie à l'aide du décorateur **@staticmethod.**

Remarque. Les **méthodes statiques** sont utilisées lorsque la **fonctionnalité d'une méthode ne dépend ni des attributs d'instance ni des attributs de classe.** Elles fonctionnent comme des fonctions normales, mais sont définies dans le contexte d'une classe pour des raisons d'organisation ou de logique métier.

Exemple. méthode statique

```
class myClass :
    def __init__(self):
        pass
    # création d'une méthode statique
    @staticmethod
    def myStaticMethod():
        print("Voici un exmple de méthode statique en Python")

myClass.myStaticMethod()
```

8.9 Héritage en Python

Pour éviter de recopier le code d'une classe, on utilise la méthode d'héritage. La méthode d'héritage consiste à créer à partir d'une classe mère une autre classe appelé classe fille qui hérite toutes les méthodes et propriétés de la classe mère. Pour simplifier l'acquisition pour les apprenants débutant, nous allons traiter ce concept sur un exemple simple :

Classe mère :

```
class Personne :
    def __init__(self, nom, age):
        self.nom = nom
        self.age=age
```

Nous venons de définir une **classe Personne** dont les attributs sont **nom** et **age.** Nous allons maintenant créer une **classe fille** nommée Student qui **hérite** les mêmes **méthodes** et **propriétés** de la classes mère **Personne.** La syntaxe générale de **l'héritage** se fait grâce à **la commande :**

```
1  class classe_fille(classe_mère)
```

Qui veut dire que la classe classe_fille hérite de la classe classe_mère.

Exemple pour notre cas de la classe fille Student qui hérite de la classe mère Personne :

```
1  class Student(Personne):
```

L'héritage des attributs **nom** et **age** se fait via la commande :

```
1  Personne.__init__(self,nom,age)
```

Code de la **classe fille Student :**

```
1  class Student(Personne):
2      # définition des attributs
3      def __init__(self,nom,age,filiere):
4          # héritage des attributs depuis la classe mère
           Personne
5          Personne.__init__(self,nom,age)
6          # ajout d'un nouvel attribut filiere à la
           classe fille
7          self.filiere = filiere
```

Dans cet exemple :
— **class Student(Personne) :** Indique que la classe Student hérite de la **classe mère Personne.**
— **Personne.__init__(self, nom, age) :** appelle le constructeur de la **classe mère Personne.**

Exemple. (complet)

```python
1  class Personne :
2      def __init__(self,nom,age) :
3          self.nom = nom
4          self.age=age
5  # La classe fille Student hérite de la classe mère
       Personne
6  class Student(Personne) :
7      # définition des attributs des attributs
8      def __init__(self,nom,age,filiere) :
9          # héritage des attributs depuis la classe mère
              Personne
10         Personne.__init__(self,nom,age)
11         # ajout d'un nouvel attribut filiere à la
              classe fille
12         self.filiere = filiere
13  Stud = Student("Albert",27,"math")
14  print("Le nom de l'étudiant   est : ",Stud.nom)
15  print("L'age de l'étudiant   est : ",Stud.age)
16  print("La filière de l'étudiant   est : ",Stud.filiere
        )
```

Ce qui affiche après exécution :
Le nom de l'étudiant est : Albert
L'age de l'étudiant est : 27
La filière de l'étudiant est : mat

Chapitre 9

Jour 9 : Les modules en Python

9.1 Introduction

Un **module** en Python est simplement un **fichier** constitué de **code Python** qu'on peut appeler et utiliser son code sans avoir besoin de le recopier. Un **module** peut contenir des **fonctions, des classes, des variables.** Un module vous permet d'**organiser** logiquement votre **code Python.** Le regroupement de code associé dans un **module** rend le code plus facile à comprendre et à utiliser.

Le langage Python est doté de trois sortes de modules :

Les types de modules en Python

1. **Les modules standard :** intégrés automatiquement par Python, fournissant un accès à des opérations qui ne font pas partie du noyau du langage.

2. **Les modules externes :** développés par des développeurs bénévoles.

3. **Les modules personnalisés :** qu'on peut développer soi mêmes.

9.2   Créer votre propre module

Nous allons essayer de créer notre propre module Python nommée **myModule** :

1. On crée un fichier nommée **myModule.py**

2. On introduit un code de quelques fonctions simples sur l fichier **myModule.py** par exemple :

```
1  def somme(x,y) :
2      return x + y
3
4  def division(x,y) :
5      return x/y
```

3. On crée ensuite un fichier python pour tester le module par exemple **testModule.py** dans le même répertoire que le fichier **myModule.py** (les deux fichiers **myModule.py** et **testModule.py** peuvent être placés sur des **répertoires différents** à condition de préciser **le chemin du fichiers myModule.py** lors de son **importation**)

4. Sur le fichier **testModule.py** tapons le code :

```
1  # On importe la totalité du module
2  from myModule import *
3
4  # On peut maintenant utiliser les fonction du
       module  :
5  print("la somme de  de 7 et 8  est   : ",somme
       (7,8))
6  print("la division de 12 par 3 est  : ", division
       (12,3))
```

Remarque 10. Pour utiliser les fonctions d'un module, il n'est pas nécessaire d'importer la totalité du module, mais il suffit d'importer juste
les fonctions dont on a besoin. Par exemple si on a besoin d'utiliser
uniquement la fonction somme(), on import juste cette dernière.

Exemple. importation partielle du module :

```
1 # On importe la fonction somme() du module
2 from myModule import somme
3
4 # On peut maintenant utiliser les fonction du module :
5 print("la somme de 7 et de 8 est  : ",somme(7,8))
```

9.3   les modules standards en Python

Les modules standards en Python sont très nombreux dont on peu
siter les plus utilisés :

1. **Le module cgi** ("Common Gateway Interface" en anglais) qui
   veut dire "Interface de Passerelle Commune" pemet l'éxecution
   des programmes Python sur des serveurs HTTP

2. **Le module calendar** : contient les fonctions de calendrier

3. **Le module datetime** : fournit les classes principales pour
   manipuler des dates et des heures

4. **Le module json** : permet la gestion des données au format
   JSON

5. **Le module math** : contient un ensemble de fonctions permettant de réaliser des calculs mathématiques

6. **Le module os** : fournit une manière portable d'utiliser les
   fonctionnalités dépendantes du système d'exploitation

7. **Le module pickle** : permet de sérialiser des objets Python

8. **Le module platforme :** permet de fournir diverses informations système.

9. **Le module profile :** contient les programmes qui permettent
   l'analyse et l'exécution des fonctions.

10. Le module pyinstaller : permet de créer un exécutable pour un script python.

11. **Le module random :** implémente des générateurs de nombres pseudo-aléatoires pour différentes distributions

12. **Le module re** : fournit des opérations sur les expressions rationnelles similaires à celles que l'on trouve dans Perl

13. **Le module statistics** : fournit des outils permettant d'effectuer des analyses statistiques

14. **Le module socket** : fournit un accès à l'interface sockets qui correspond à un ensemble normalisé de fonctions de communication

15. **Le module sys** : permet l'accès à certaines fonctions et variables système

16. **Le module time** : utilisé pour interagir avec avec le temps système

17. **Les modules urllib.request** et **urllib.parse** permettent d'ouvrir, de lire et d'analyser des URLs.

18. **Le module virtualenv :** permet de créer un environnement virtuel.

9.4　Exemple de modules standards

9.4.1　le module virtualenv

A propos du module virtualenv

Python est doté d'un module nommée **virtualenv** permettant de créer un **environnement virtuel python**, c'est-à-dire une copie de travail isolée de Python qui vous permet de travailler sur un projet spécifique sans affecter d'autres projets Donc, fondamentalement, c'est un outil qui permet plusieurs installations côte à côte de Python, c.a.d une installation propre pour chaque projet.

Création d'un environnement virtualenv sous Windows

Pour créer un **environnement virtuel** sous Windows, il suffit de suivre les étapes suivantes :

1. Lancez la commande cmd

2. Naviguer jusqu'au répertoire de votre projet via la commande 'cd'

3. Installez virtualenv en tapant la commande : **'pip install virtualenv'**

4. Créer un virtualenv nommez le à titre d'exemple **my_venv** via la commande : **'virtualenv my_venv'**

5. Maintenant, si vous êtes dans le même répertoire, activer votre environnement virtuel en tapant : **'my_venv\Scripts\activate.bat'**

6. Vous pouvez **désactiver** votre **virtualenv** en tapant la commande cmd : **'deactivate'**

9.4.2 Le module math

A propos du module math Python

Le module mathématique Python fournit les fonctions mathématiques les plus populaires, qui incluent les fonctions trigonométriques, les fonctions de représentation, les fonctions logarithmiques, etc. En outre, il définit également les constantes mathématiques comme le **nombre pi** et le **nombre d'Euler e**, etc.

— **Le nombre pi** : est une constante mathématique bien connue et définie comme le rapport du périmètre par rapport au diamètre d'un cercle. Sa valeur approximative est :
$pi = 3,141592653589793$.

— **Le nombre d'Euler e** : est défini comme la base du logarithmique népérien, et sa valeur est $e = 2,718281828459045$.

Les fonctions représentant des nombres en Python

Python fournit différentes fonctions qui sont utilisées pour représenter des nombres sous différentes formes, par exemple :

1. **ceil(x)** : renvoie la valeur plafond qui est la plus petite valeur entière, supérieure ou égale au nombre x.

2. **copysign(x, y)** : renvoie le nombre de x et copie le signe de y dans x.

3. **fabs(x)** : renvoie la valeur absolue de x.

4. **factorial(x)** : renvoie la factorielle de x où x> = 0

5. **floor(x)** : renvoie la partie entière d'un nombre x.

6. **fsum(itérable)** : renvoie la somme des éléments d'un objet itérable

7. **gcd(x, y)** : renvoie le plus grand diviseur commun de x et y.

8. **isfinite(x)** : vérifie si x n'est ni un infini ni un NAN.

9. **isinf(x)** : vérifie si x est infini

10. **isnan(s)** : vérifie si s n'est pas un nombre

11. **remainder(x,y)** : donne le reste après avoir divisé x par y.

Exemple.

```
import math
print(math.fabs(-5))  # affiche 5.0
print(math.floor(3.7))  # affiche 3
print(math.gcd(8,12))  # affiche 4
print(math.remainder(17,6))  # affiche -1.0
print(math.remainder(17,5))  # affiche 2.0
print(math.factorial(4))  # affiche 24
```

Fonctions de conversion trigonométrique et angulaire

Ces fonctions sont utilisées pour calculer différentes opérations trigonométriques :

1. **sin(x)** : renvoie le sinus de x en radians

2. **cos(x)** : renvoie le cosinus de x en radians

3. **tan(x)** : renvoie la tangente de x en radians

4. **asin (x)** : retourne l'inverse du sinus, de même nous avons **acos, atan** aussi

5. **degrees(x)** : convertit l'angle x du radian en degrés

6. **radians(x)** : convertit l'angle x des degrés en radian

Exemple.

```
1  import math
2  print(math.sin(math.pi/3)) # affiche
        0.8660254037844386
3  print(math.tan(math.pi/4)) # affiche
        0.9999999999999999
4  print(math.degrees(math.pi/2)) # affiche 90.0
```

Fonctions exponentielle & logarithmiques

1. **pow(x, y)** : renvoie x à la puissance y ie : x^y
2. **sqrt(x)** : renvoie la racine carrée de x
3. **exp(x)** : renvoie l'exponentielle de x.
4. **log(x [, base])** : renvoie le logarithme de x où la base est donnée en argument. La base par défaut est **e**
5. **log2(x)** : renvoie le logarithme de x, où la base est 2.
6. **log10(x)** : renvoie le logarithme de x, où la base est 10.

Exemple. .

```
1  import math
2  print(math.pow(2,3)) # affiche 8.0
3  print(math.exp(1)) # affiche 2.718281828459045
4  print(math.log(2)) # affiche 0.6931471805599453
```

9.4.3 Le module random

A propos du module random

Le module **random** en Python est un module intégré de Python permettant d'effectuer des actions **aléatoires** telles que la génération de nombres aléatoires, l'impression aléatoire d'une valeur pour une liste ou une chaîne, etc.

Exemple. Pour générer un nombre aléatoire, on utilise la **méthode randint()** :

```
1 # importer la méthode randint()
2 from random import randint
3
4 # générer un nombre aléatoire entre 1 et 10
5 n = randint(1, 10)
6
7 print("Voici un nombre aléatoire : " , n)
8 # output  : Voici un nombre aléatoire :  6
```

Les méthodes associées au module random

1. **seed()** : Initialise le générateur de nombres aléatoires
2. **getstate()** : renvoie l'état interne actuel du générateur de nombres aléatoires
3. **setstate()** : restaure l'état interne du générateur de nombres aléatoires
4. **getrandbits()** : renvoie un nombre représentant les bits aléatoires
5. **randrange()** : renvoie un nombre aléatoire entre la plage donnée
6. **randint()** : renvoie un nombre aléatoire entre la plage donnée
7. **choice()** : renvoie un élément aléatoire de la séquence donnée
8. **choices()** : renvoie une liste avec une sélection aléatoire dans la séquence donnée
9. **shuffle()** : Prend une séquence et renvoie la séquence dans un ordre aléatoire
10. **sample()** : renvoie un échantillon donné d'une séquence
11. **random()** : renvoie un nombre flottant aléatoire entre 0 et 1

12. **uniform()** : renvoie un nombre flottant aléatoire entre deux paramètres donnés

13. **triangular()** : renvoie un nombre flottant aléatoire entre deux paramètres donnés, vous pouvez également définir un paramètre de mode pour spécifier le point médian entre les deux autres paramètres

14. **betavariate()** : renvoie un nombre flottant aléatoire entre 0 et 1 basé sur la distribution Beta (utilisée dans les statistiques)

15. **expovariate()** : renvoie un nombre flottant aléatoire basé sur la distribution exponentielle (utilisée dans les statistiques)

16. **gammavariate()** : renvoie un nombre flottant aléatoire basé sur la distribution Gamma (utilisée dans les statistiques)

17. **gauss()** : renvoie un nombre flottant aléatoire basé sur la distribution gaussienne (utilisée dans les théories des probabilités)

18. **lognormvariate()** : renvoie un nombre flottant aléatoire basé sur une distribution log-normale (utilisée dans les théories des probabilités)

19. **normalvariate()** : renvoie un nombre flottant aléatoire basé sur la distribution normale (utilisé dans les théories des probabilités)

20. **vonmisesvariate()** : renvoie un nombre flottant aléatoire basé sur la distribution de von Mises (utilisée dans les statistiques directionnelles)

21. **paretovariate()** : renvoie un nombre flottant aléatoire basé sur la distribution de Pareto (utilisée en théorie des probabilités)

22. **weibullvariate()** : renvoie un nombre flottant aléatoire basé sur la distribution de Weibull (utilisée dans les statistiques)

Exemple. (afficher un nombre aléatoire sur une plage donnée)

```
import random
# afficher un nombre aléatoire entre 5 et 13
print(random.randrange(5, 13))
```

Exemple. (extraire une sous liste aléatoire)

```
import random
# extraire aléatoirement une sous liste de trois
    éléments
data = ["Java", "Python", "PHP" , "Django"]
print(random.sample(data , 3))
```

Exemple. (changer aléatoirement l'ordre des éléments d'une liste)

```
import random
# changer aléatoirement l'ordre
data = ["Java", "Python", "PHP" , "Django"]
random.shuffle(data )
print(data)
```

Chapitre 10

Jour 10 : Les fichiers en Python

10.1   Mode d'ouverture d'un fichier

En langage Python, il n'est pas nécessaire d'importer une bibliothèque pour lire et écrire sur des fichiers. Il s'agit d'opérations gérées nativement dans par le langage. La première chose à faire est d'utiliser la fonction open() intégrée de Python pour obtenir un objet fichier(Pyhon file object). La fonction open() ouvre un fichier d'une façon assez simple ! Lorsque vous utilisez la **fonction open()**, elle renvoie un objet du type **file object.** Les **objets file object**, contiennent des **méthodes** et des **attributs** pouvant être utilisés pour collecter des informations sur le fichier que vous avez ouvert. Ils peuvent également être utilisés pour manipuler le dit **fichier.**

Un objet fichier crée par la méthode **open()**, est doté de certaines propriétés permettant de lire et écrire dans un fichier. Sa syntaxe est :

```
f = open([nom du fichier], [mode ouverture])
```

Cette ligne de code permet **d'ouvrir un fichier** spécifié par le chemin d'accès précisé par le parmètre [**nom du fichier**] en utilisant le mode spécifié dans [**mode ouverture**], et retourne un objet fichier qui est assigné à la **variable f.** Ce mode détermine l'objectif de l'ouverture **(lecture, écriture, ajout, binaire ou texte, etc.).** Le langage Python offre au programmeur un large choix du mode d'ouverture selon le besoin : ouverture en mode lecture seule, ouverture en mode lecture écriture .

Voici donc les principales mode d'ouverture avec les différents paramètres :

1. **Le mode 'r'** : ouverture d'un fichier en mode lecture seule. Lève une erreur **(FileNotFoundError)** si le fichier n'existe pas.

2. **Le mode 'r+'** : Lecture et écriture. Lève une erreur **(FileNotFoundError)** si le fichier n'existe pas.

3. **Le mode 'w'** : ouverture en écriture seule, écrasé s'il existe déjà et crée s'il n'existe pas,

4. **Le mode 'w+'** : Lecture et écriture. Crée le fichier s'il n'existe pas, et le vide s'il existe.

5. **Le mode 'a'** : ouverture et écriture en fin du fichier avec conservation du contenu existant

6. **Le mode 'a+'** : Lecture et ajout. Crée le fichier s'il n'existe pas.

7. **Le mode 'b'** : ouverture en mode binaire

10.2   Ouverture et lecture d'un fichier

Pour lire un fichier existant, plusieurs méthode sont disponible selon le besoin du développeur : lecture totale ou une partie spécifique du fichier, lecture séquentielle, lecture ligne par ligne.

10.2.1   Lecture totale avec la méthode read()

La méthode **read()** permet de lire le contenu total ou partiel d'un fichier, après être ouvert avec la méthode **open()**.

La syntaxe est :

```
1 fichier.read()
```

Exemple. ouverture et lecture d'un fichier existant

```
1 f = open("myFile.txt", 'r')
2 contenu = f.read() # lecture du contenu
3 print(contenu) # impression du contenu
4 f.close() # fermeture du fichier
```

Remarque. Pour **ouvrir** un fichier en mode **lecture 'r'**, le fichier doit exister ; sinon, une erreur de type **FileNotFoundError** sera levée.

10.2.2 Lecture partielle avec la méthode read()

La méthode **read()** peut être également utilisée pour lire une partie du fichier seulement en indiquant le nombre de caractère à lire entre parenthèses :

Syntaxe :

```
1 contenu = file.read(nombre_de_caractères)
```

Exemple. lecture partielle

```
1 f = open("myFile.txt", 'r')
2 contenu = f.read(20) # lecture de 20 caractère du
       contenu du fichier
3 print(contenu) # impression du contenu
4 f.close() # fermeture du fichier
```

Remarque 11. Après exécution de la fonction **read(n)** (n = nombre de caractères à lire), le curseur se trouve à la position **n+1**, et donc si on exécute la fonction une 2ème fois, la lecture débutera depuis le $(n+1)^{ème}$ caractère.

10.2.3   Lecture séquentielle caractère par caractère

La méthode **read()** pourra être utilisé aussi pour effectuer une lecture séquentielle caractère par caractère en utilisant la boucle for.

Pour lire un fichier de manière séquentielle totale en utilisant une combinaison de **for** et **read()**, on peut lire le fichier caractère par caractère ou par blocs de taille définie. Dans ce cas, on utilise **for** pour **itérer** sur le **fichier,** ce qui permet de traiter **chaque caractère** ou **chaque bloc** à la fois, sans avoir à gérer manuellement le positionnement du curseur.

```
1  for c in fichier.read()
```

Exemple. lecture séquentielle

```
1  f = open("myFile.txt", 'r')
2  s=""
3  for c in f.read() :
4      s = s + c
5  print(s)
```

Explication du code :
— Le fichier nommé **'myFile.txt'** est ouvert en **mode lecture ('r').**
— Si le fichier n'existe pas, une erreur de type **FileNotFoundError** sera levée.
— La variable s est initialisée ($s = ""$) comme une chaîne vide. Elle servira à **accumuler** les caractères du fichier.
— La méthode **f.read()** lit le contenu complet du fichier sous forme de **chaîne.**
— La **boucle for** parcourt chaque caractère de cette chaîne (caractère par caractère).
— Une fois la **boucle terminée,** la **variable s** contient tout le **contenu du fichier** qui sera afficher via la fonction **print().**

La même opération peut être réalisée en utilisant la boucle while :

Exemple. lecture d'un fichier avec la boucle **while**

```
1  f = open("myFile.txt", 'r')
2  s=""
3  while 1 :
4      c = f.read(1)
5      if c =="" :
6          break
7      s = s + c
8  print(s)
```

10.2.4 Lecture ligne par ligne avec les méthodes readline() et readlines()

La méthode readline()

La méthode **readline()** permet de lire un fichier ligne par ligne. Cette méthode pointe sur la première ligne lors de sa première exécution, ensuite sur la deuxième ligne lors de seconde exécution et ainsi à la $n^{ème}$ exécution, elle pointe vers la $n^{ème}$ ligne.

Exemple. lecture du fichier ligne par ligne

```
1  f = open("myFile.txt", 'r')
2  print(f.readline()) # affiche la ligne n̊1
3  print(f.readline()) # affiche la ligne n̊2
```

En combinant la méthode **readline()** avec la méthode **while()**, on peut lire la totalité des ligne d'un fichier.

Pour **lire un fichier** ligne par ligne avec **while** et **readline()**, on peut utiliser une **boucle while** qui continue tant qu'il reste des lignes à lire dans le fichier. La méthode **readline()** permet de lire une ligne à la fois, y compris le caractère de saut de ligne à la fin de chaque ligne. À chaque **itération** de la boucle, **readline()** renvoie une chaîne contenant la ligne suivante, ou une chaîne vide lorsqu'il n'y a plus de lignes à lire. La **boucle se termine dès qu'une chaîne vide est retournée**, indiquant la fin du fichier. Cette méthode est utile pour traiter de gros fichiers ligne par ligne sans charger tout le fichier en mémoire à la fois.

Exemple. lecture de toutes les lignes avec **readline()**

```
1  f = open("myFile.txt", 'r')
2  s=""
3  while 1 :
4      ligne = f.readline()
5      if(ligne == "") :
6          break
7      s = s + ligne
8  print(s) # impression de la totalité des lignes
```

La méthode readlines()

La méthode **readlines()** en Python permet de **lire l'intégralité d'un fichier** et de renvoyer son contenu sous forme d'une **liste de chaînes**, où **chaque élément de la liste** correspond à une **ligne du fichier**, y compris les caractères de saut de ligne à la fin de chaque ligne.

Exemple. lecture des lignes du fichier avec **readlines()**

```
1  f = open("myFile.txt",'r')
2  content = f.readlines()
3  print(content[0]) # impression de la première ligne
4  print(content[1]) # impression de la deuxième ligne
```

On peut aussi lire la totalité des lignes du fichier en appliquant la boucle for :

Exemple. lecture des lignes à l'aide de la boucle **for**

```
1 f = open("myFile.txt",'r')
2 content = f.readlines()
3 for ligne in content :
4     print(ligne)
```

On peut donc via **readlines()**, récupérer le nombre de lignes d'un fichier en appliquant la méthode **len()** :

Exemple. nombre de lignes d'un fichier

```
1 f = open("myFile.txt",'r')
2 content = f.readlines()
3 nombre_lignes = len(content)# récupération du nombre
         des lignes du fichier
```

En récupérant le nombre de lignes d'un fichier, on peut donc lire la totalité de ses lignes en utilisant la boucle for :

Exemple. lecture de la totalité des lignes avec la boucle **for**

```
1 f = open("myFile.txt",'r')
2 content = f.readlines()
3 n = len(content)
4 for i in range(0,n-1) :
5     print(content[i])
```

Lecture d'un fichier à une position précise avec la méthode readlines()

La méthode **readlines()** nous permet aussi de lire un fichier à une position bien précise :

Exemple. lecture d'un fichier depuis le caractère 10 jusqu'au caractère 20 de la troisième ligne

```
1 f = open("myFile.txt",'r')
2 content = f.readlines()[2] #récupération de la
      deuxième ligne
3 result = content[9:19] # extraction depuis le
      caractère qui se trouve à la position 10 jusqu'à
      20
4 print(result)
```

10.3 Lecture et écriture à une position donnée.

La méthode **seek()** permet de sélectionner une position précise pour lecture ou écriture

Exemple. lire le fichier à partir de la 6 ème position

```
1 f = open("myFile.txt",'r')
2 f.seek(5) # sélection de la position 5
3 print(f.read()) #lire le fichier à partir de la 6 ème
      position
```

Exemple. écrire à partir de la 6 ème position

```
1 f = open("myFile.txt",'r+')
2 f.seek(5) # sélection de la position 5
3 print(f.write("..")) #mettre des points sur le fichier
      à partir de la 6 ème position
```

10.4 Ouverture en mode écriture

10.4.1 Ouverture et écriture dans un fichier existant

Pour écrire dans un fichier existant, vous devez ajouter l'un des paramètres à la fonction **open()** :

1. **"a" - append** - sera ajouté à la fin du fichier

2. **"w" - write** - écrasera tout contenu existant

3. **"r+" lecture et écriture** sans écraser le contenu existant

On dira alors que le fichier est ouvert en **mode écriture** (**write mode**) Pour **écrire** dans fichier ouvert en **mode écriture**, on utilise la fonction **write()**.

La syntaxe est :

```
file.write(contenu)
```

Exemple. ouvrir un fichier et y ajouter du contenu :

```
# ouverture avec conservation du contenu existant
f = open ("myFile.txt", "a")
f.write ("Voici un contenu qui va s'ajouter au fichier
    sans écraser le contenu!")
f.close ()
# ouvrir et lire le fichier après l'ajout :
f = open ("myFile.txt", "r")
print (f.read())
```

On peut aussi ouvrir un fichier en mode écrasement :

Ouvrir un fichier en mode **écrasement 'w'** permet de **créer un fichier vide** ou d'**effacer son contenu** si le fichier **existe déjà**. Si le fichier spécifié **n'existe pas**, Python le **crée automatiquement**. En revanche, si le **fichier existe déjà**, son contenu précédent est

immédiatement supprimé et remplacé par les nouvelles données qui seront écrites. Ce mode est utilisé lorsque l'on souhaite enregistrer de nouvelles informations dans un fichier sans conserver l'ancien contenu.

Exemple. ouvrir le fichier **'myFile.txt'** et écrasez le contenu :

```
1 # ouverture avec écrasement du contenu existant
2 f = open ("myFile.txt", "w")
3 f.write ("Désolé ! J'ai supprimé le contenu!")
4 f.close ()
5 # ouvrir et lire le fichier après l'ajout :
6 f = open ("myFile.txt", "r")
7 print (f.read())
```

Remarque 12. la méthode **"w"** écrase entièrement le contenu existant du fichier.

10.4.2   Création des fichiers

Pour créer un nouveau fichier en Python, on utilise la méthode **open()**, avec l'un les paramètres suivants :

1. **"x"** - ce mode d'ouverture, crée un fichier s'il n'existe pas et renvoie une erreur si le fichier existe

2. **"a"** - **Append** - créera un fichier si le fichier spécifié n'existe pas

3. **"w"** - **Write** - créera un fichier si le fichier spécifié n'existe pas et si le fichier existe, il sera écrasé

4. **" r+ "** - ouverture en mode lecture et écriture. Si le fichier n'existe pas, une erreur est renvoyée.

Exemple. Création d'un fichier nommé "myFile.txt" :

```
1 f = open ("myFile.txt", "x")
```

Résultat : un nouveau fichier vide est créé !

Exemple. Création d'un nouveau fichier s'il n'existe pas :

```
1  f = open ("myFile.txt", "w")
```

10.4.3 Ajouter des lignes à un fichier en Python avec la méthode writelines()

La méthode **writelines()**, permet d'ajouter une liste de chaînes ou une liste de lignes.

Exemple. ajouter une liste des lignes à un fichier

```
1  f = open ("myFile.txt", "r+")
2  l = ["ligne1\n","ligne2\n","ligne3\n"]
3  f.writelines(l)
4  print(f.read())
5  f.close()
```

Ce qui affiche après exécution :
ligne1
ligne2
ligne3

10.5 Récapitulatif des méthodes associées aux fichiers

1. **file.close()** : ferme un fichier ouvert.
2. **file.fileno()** : retourne un descripteur entier d'un fichier.
3. **file.flush()** : vide le tampon interne.
4. **file.isatty()** : renvoie **True** si le fichier est connecté à un périphérique tty.
5. **file.next()** : retourne la ligne suivante du fichier.
6. **fichier.read(n)** : lit les **n premiers** caractères du fichier.

7. **file.readline()** : lit une seule ligne dans une chaîne ou un fichier.

8. **file.readlines()** : lit et renvoie la liste de toutes les lignes du fichier.

9. **file.seek( )** : définit la position actuelle du fichier.

10. **file.seekable()** : vérifie si le fichier prend en charge l'accès aléatoire. Renvoie **True** si oui.

11. **file.tell()** : retourne la position actuelle dans le fichier.

12. **file.truncate(n)** : tronque la taille du fichier. Si n est fourni, le fichier est tronqué à n octets, sinon tronqué à l'emplacement actuel.

13. **file.write(str)** : écrit la chaîne **str** dans le fichier.

14. **file.writelines(séquence)** : écrit une séquence de lignes ou de chaînes dans le fichier.

Ressources Pour Apprendre Python

Afin d'améliorer et développer vos compétence en programmation Python, il y a de nombreuses ressources en ligne ! Ces ressources couvrent une large gamme de niveaux d'apprentissage, allant des débutants aux utilisateurs avancés, et incluent des livres, des tutoriels en ligne, des plateformes interactives et des communautés pour vous aider à progresser en Python. Voici une liste de ressources, outils, logiciels et plateformes en ligne pour apprendre Python, adaptée à différents niveaux de compétence :

1. Cours, documentation et tutoriels en ligne

1. **Python Documentation** (https ://docs.python.org/3/) : La documentation officielle de Python est l'une des ressources les plus complètes pour apprendre le langage. Elle couvre tous les aspects du langage et des bibliothèques standard.

2. **Python.org Tutorials**
   (https ://www.python.org/about/gettingstarted/) : Des tutoriels officiels pour les débutants, allant de l'installation de Python à l'écriture de scripts simples.

3. **Très Facile !** (https ://www.tresfacile.net/cours-python/) : Tutoriel complet et progressif qui couvre la totalité du langage Python

4. **Real Python** (https ://realpython.com/) : Une plate-forme de tutoriels et de cours en ligne, couvrant des sujets allant de l'introduction à Python à des techniques plus avancées.

5. **Codecademy - Learn Python** : Un cours interactif qui enseigne Python de manière progressive avec des exercices pratiques.

6. **freeCodeCamp - Python** : Un excellent parcours gratuit pour apprendre Python, particulièrement utile pour les applications scientifiques.

7. **Coursera - Python for Everybody** : Un programme spécialisé qui couvre les bases de Python et ses applications en informatique et en science des données, offert par l'Université du Michigan.

8. **edX - Introduction to Python Programming** : Une introduction gratuite à Python via la plateforme edX.

2. Environnements de développement et outils

1. **PyCharm** : Un IDE populaire pour Python, avec des fonctionnalités comme l'auto complétion, le débogage et l'intégration Git.

2. **VS Code** : Un éditeur de code léger et extensible, avec une excellente prise en charge de Python grâce à l'extension officielle.

3. **Jupyter Notebook** : Un outil de développement interactif utilisé pour l'analyse de données, les calculs scientifiques et la visualisation.

4. **Thonny** : Un IDE conçu spécifiquement pour les débutants en Python, simple à utiliser avec un débogueur intégré.

3. Plateformes interactives

1. **Replit** : Une plateforme en ligne qui permet d'écrire, d'exécuter et de partager des programmes Python directement dans le navigateur.

2. **Google Colab :** Une plateforme basée sur Jupyter Notebook qui permet d'écrire et d'exécuter du Python, avec un accès gratuit aux GPU pour l'apprentissage machine.

3. **Kaggle :** Une plateforme de compétitions en data science qui propose des tutoriels interactifs pour apprendre Python et ses applications dans le domaine des données.

4. **Trinket :** Une plateforme pour apprendre et enseigner Python, permettant d'exécuter du code Python directement dans le navigateur.

4. Communautés et forums

1. **Stack Overflow :** Un forum populaire pour poser des questions et obtenir de l'aide de la part de la communauté Python.

2. **Reddit - LearnPython :** Un sous-forum où les débutants peuvent poser des questions et partager des ressources d'apprentissage Python.

3. **Python Discord :** Un serveur Discord pour discuter avec d'autres apprenants et développeurs Python.

5. Plateformes pour pratiquer Python

1. **LeetCode :** Une plateforme pour pratiquer la résolution d'algorithmes et d'exercices en Python, avec des problèmes classés par difficulté.

2. **HackerRank :** Un site web proposant des défis en Python, allant des bases aux problèmes avancés en algorithmique.

3. **Codewars :** Un site où vous pouvez résoudre des kata (problèmes de programmation) en Python et d'autres langages, tout en vous mesurant à d'autres développeurs.

6. Ressources supplémentaires

1. **Pandas Documentation :** Documentation officielle pour apprendre à utiliser la bibliothèque Pandas, qui est essentielle

pour l'analyse de données avec Python.

2. **NumPy Documentation :** La documentation officielle pour apprendre à utiliser NumPy, une bibliothèque clé pour le calcul scientifique avec Python.

3. **BioPython :** Une bibliothèque pour l'informatique biologique qui permet de travailler avec des données génomiques et bioinformatiques en Python.

Bibliographie

[1] Docmentation officielle Python : https ://docs.python.org/fr/3/

[2] Python Software Foundation, *The Python Programming Language*, 2023. `https://www.python.org/doc/`.

[3] Cours Python : https ://www.tresfacile.net/cours-python/

[4] MarkLutz, David Ascher, Introduction à Python, ed O'Reilly, Janvier 2000, ISBN 2-84177-089-3

[5] Gérard Swinnen, Apprendre à programmer avec Python 3, Èd. Eyrolles, 2010, ISBN 978-2-212- 12708-9.

[6] Matthieu Brucher, Python Les fondamentaux du langage, La programmation pour les scientifiques, Éd. eni, Collection Ressources Informatique, Janvier 2008, ISBN 978-2-7460-4088-5.

[7] Hans Petter Langtangen, Python Scripting for Computational Science. Simula Research Laboratory and Department of Informatics University of Oslo.

[8] Tarek Ziadé,Python Petit guide à l'usage du développeur agile, Éd. 2007, ISBN 978-2-10-050883-9.

[9] Mark Lutz, Programming Python, Troisième Edition, ed O'Reilly Associates, Août 2006, ISBN 0596009259

[10] Younes derfoufi. Apprendre Python. Un guide complet et progressif. Collection Très Facile 2024

[11] Mark Lutz, David Ascher, Introduction à Python, ed O'Reilly, Janvier 2000, ISBN 2-84177-089-3

[12] Mark Lutz, *Learning Python*, 5th Edition, O'Reilly Media, 2013.

[13] Al Sweigart, *Automate the Boring Stuff with Python*, 2nd Edition, No Starch Press, 2019. `https://automatetheboringstuff.com/`.

[14] Eric Matthes, *Python Crash Course : A Hands-On, Project-Based Introduction to Programming*, 2nd Edition, No Starch Press, 2019.

[15] Wes McKinney, *Python for Data Analysis : Data Wrangling with Pandas, NumPy, and IPython*, 2nd Edition, O'Reilly Media, 2017.

[16] Allen B. Downey, *Think Python : How to Think Like a Computer Scientist*, 2nd Edition, Green Tea Press, 2015.

[17] Luciano Ramalho, *Fluent Python : Clear, Concise, and Effective Programming*, O'Reilly Media, 2015.

[18] Real Python, *Real Python Tutorials and Guides*, 2023. `https://realpython.com/`.

[19] David Beazley and Brian K. Jones, *Python Cookbook*, 3rd Edition, O'Reilly Media, 2013.

[20] John Zelle, *Python Programming : An Introduction to Computer Science*, 3rd Edition, Franklin, Beedle Associates, 2017.